朝倉書店『手を動かして学ぶ 学習心理学』：正誤・訂正表（2022.9.1発行初刷）

お詫びして訂正いたします. [2022.09]

ページ	出現箇所	誤	正
	↓15	Watoson, J. B.	Watson, J. B.
9	↑13	スペンサー 5, 12	スペンサー, H. 5 スペンサー, W. A. 12

下記数式の赤字部分が正しい記載です.

	式(1)	$$p(x|\mu,\sigma) = N(x|\mu,\sigma) = \frac{1}{\sqrt{2\pi\sigma^2}}\exp\left\{-\frac{(x-\mu)^2}{2\sigma^2}\right\}$$
4	式(17)	$$V(s_t) = E[r_t|s_t] + \sum_{s_{t+1}\in S}\gamma V(s_{t+1})P(s_{t+1}|s_t)$$
9	式(21)	$$V^\pi(s_t) = \sum_{a\in A}\pi(a|s_t)\left\{R(s_t,a) + \sum_{s'\in S}\gamma V^\pi(s')P(s'|s_t,a)\right\}$$
10	式(22)	$$V^*(s_t) = \max_a\left\{R(s_t,a) + \sum_{s'\in S}\gamma V^*(s')P(s'|s_t,a)\right\}$$
10	式(23)	$$\pi^*(s_t) = \arg\max_a\left\{R(s_t,a) + \sum_{s'\in S}\gamma V^*(s')P(s'|s_t,a)\right\}$$
10	式(24)	$$Q^\pi(s_t,a) = \sum_{s'\in S}P(s'|s_t,a)\left\{R(s_t,a) + \gamma\sum_{a\in A}\pi(a|s')Q^\pi(s',a)\right\}$$
10	式(25)	$$Q^*(s_t,a) = \sum_{s'\in S}P(s'|s_t,a)\left\{R(s_t,a) + \max_{a'}\gamma Q^*(s',a')\right\}$$
10	↑2	$$\pi(s) = \arg\max_a Q^*(s_t,a)$$
111	式(29)	$$\pi(s|a) = \frac{\exp(-\beta Q(s,a))}{\sum_{a'\in A}\exp(-\beta Q(s,a'))}$$
111	式(30)	$$\pi(a|s) = \begin{cases} 1-\varepsilon & for\ \arg\max_{a\in A}\{Q(s,a)\} \\ \varepsilon/n-1 & for\ otherwise \end{cases}$$

Psychology of Learning

手を動かしながら学ぶ
学習心理学

澤 幸祐［編］

デジタル
コンテンツ
連動

朝倉書店

まえがき

「必要は発明の母である」といいますが，だとすれば父親はさしずめ「不満」です．何かを作るためには，「それが必要だ」という思いとともに「こういうものがないのが不満だ」という思いがどこかにあり，本や教科書を書く時にもそれは同じです．

高校までの勉強では，「手を動かしながら学ぶ」というのは当たり前のことで，授業以外でも自宅でノートを取り，あれこれ書きまくった記憶があります．少なくとも僕については，手を動かして悩んで時間をかけたものだけが，今に至っても身についているもののように思います．一方心理学の教科書で，そうした体裁のものはあまりありません．読むことが中心になっている教科書はたくさんありますが，手を動かしてなにかを経験して学ぶことを要求する本は少数派で，それが僕には不満でした．この本は，そうした不満を解消するような内容を目指しました．

この本では，学習心理学のさまざまな話題について，実際に動物が実験箱のなかで行動する様子を観察したり，自らが（パソコンゲーム内の）実験箱のなかで行動したりといった経験を通じて，学習心理学について学びます．また，学習心理学の理論について，自ら手を動かして計算して「理論がどう動くか」を経験することができます．「手を動かしながら学ぶ」と一言でまとめるのが難しいほど，さまざまな観点から学習心理学について経験を通じて学べるような構成になっています．すらすら読み通すという体裁にはなっていません．手を動かして，じっくり取り組んでいただきたいと思います．

この本は，全部で 7 章からなっています．1 章では，心理学において「学習」という現象がどのように定義されているか，またどのように研究されてきたのかについて取り上げる導入部となっています．2 章では，単一の刺激を繰り返し経験するという単純な手続きによって生じる「馴化」，つまり「慣れ」という現象を扱います．単純に見えて実は奥深い現象であることを経験していただけるでしょう．3 章と 4 章では，古典的条件づけと道具的条件づけについて取り上げます．古典的条件づけ研究の出発点はいわゆる「パブロフのイヌ」ですが，3 章では学習研究に大きな影響を与えたレスコーラ・ワグナーモデルについて，理論に基づ

いた計算を体験します．「パブロフのイヌ」とほぼ同時期に発見された道具的条件づけは，人間や動物の随意的な行動が変化する過程として大きな関心を集めました．4章では実際に，コンピュータ上でみなさんの行動が変化する様子を経験していただくことになります．

　ここまでがいわば「基礎編」にあたり，後半は「応用編」の位置づけになります．5章では，道具的条件づけの応用として「選択行動」を取り上げます．我々は日々，いろいろな行動選択を行いますが，こうした日常的な行動選択をどのように記述し，場合によっては予測・制御することができるのかを学びます．6章は，条件づけの基本を踏まえたうえでの「臨床応用」です．条件づけという一見して単純な過程と臨床という複雑な世界のあいだには，ずいぶんと距離があるように思うかもしれません．この章を読んでいただければ，その距離をどのように埋めることができるのかを理解することができるでしょう．7章は，近年大きな関心を集めている人工知能技術に関連する強化学習について紹介します．強化学習は，ロボットやコンピュータがさまざまな課題を解くためにも利用されるものですが，実は古典的条件づけや道具的条件づけはその理論的出発点のひとつです．コンピュータに課題を解決させるという都合上，数学的な話題が多くなりますが，この本で紹介してきたさまざまな話題を数理的手法で統一的に理解するという，きわめてエキサイティングな章でもあります．この本の掉尾を飾るにふさわしい内容なので，是非じっくり読んでいただければと思います．

　難しそうだと思われるかもしれませんが，心配ありません．順を追って読み進め，手を動かし，時間をかけて進んでもらえれば，学習心理学の基盤から応用までの豊かなエッセンスが見えてきます．ぜひお楽しみください．

　2022 年 8 月

　　　　　　　　　　　　　　　　　　　　　　　　　　　　編　集　者

■編集者

澤　　幸　祐　　　　　専修大学人間科学部

■執筆者 (五十音順)

鮫　島　和　行　　　　玉川大学脳科学研究所
澤　　　幸　祐　　　　専修大学人間科学部
空　間　美　智　子　　京都ノートルダム女子大学現代人間学部
高　橋　良　幸　　　　イデアラボ / 関西学院大学文学部
八　賀　洋　介　　　　東京福祉大学心理学部
福　田　実　奈　　　　北海道医療大学心理科学部

目　次

デジタル付録　目次

本書をさらに深く学ぶため，文献，図表，写真，動画，シミュレーションソフトを含むデジタル付録（〈e〉○.○）を用意しております．朝倉書店ウェブサイトへアクセスしご覧ください（QRコードからもアクセスできます）．なお，具体的な動作環境等はデジタル付録内の注意事項にてご確認ください．

5.3　シミュレーションデータを用いたマッチング分析

〈e〉5.2　演習 5.1 ローデータ読み方解説

〈e〉5.3　演習 5.1 data1

〈e〉5.4　演習 5.1 data2

〈e〉5.5　演習 5.1 data3

〈e〉5.6　演習 5.1 コード解説

〈e〉5.7　演習 5.1 コード

5.4　急速なマッチング獲得と選好パルス

〈e〉5.8　演習 5.2 ローデータ読み方解説

〈e〉5.9　演習 5.2 data

〈e〉5.10　演習 5.2 コード解説

〈e〉5.11　演習 5.2 コード

5.5　選択行動の構造

〈e〉5.12　演習 5.3 ローデータ読み方解説

〈e〉5.13　演習 5.3 data

〈e〉5.14　演習 5.3 コード解説

〈e〉5.15　演習 5.3 コード

〈e〉5.16　演習 5.4 ローデータ読み方解説

〈e〉5.17　演習 5.4 data

〈e〉5.18　演習 5.4 コード解説

〈e〉5.19　演習 5.4 コード

6 章　臨床応用

6.5　自分の行動変容（セルフコントロール実習）

〈e〉6.1　ワークシート

〈e〉6.2　介　　入　　例

7 章　機械学習

7.2　教師なし学習と馴化

〈e〉7.1　演習 7.5 の過程・結果

〈e〉7.2　演習 7.6 の過程・結果

〈e〉7.3　演習 7.7 の過程・結果

1章
学習とはなにか

1.1 行動の理由を探る

あなたの人生の話をしよう.

我々は毎日, さまざまな行動をしている. 朝ベッドから起きだし, 朝食をとって身支度をし, 学校や職場へ行く. 友人と会話し, 仕事や勉強をする. 本を読んだり音楽を聴いたり, 映画を観たりもする. これらはすべて行動である. また, 友人との会話で笑い, 強面の上司を見て不安になり, 映画に感動して泣く, といったものも行動である. これは動物たちも同様である. イヌやネコもまた, さまざまな行動を示す. 帰宅したあなたにじゃれついてきたり, 道端であなたを見て逃げ出したりというイヌやネコの行動を経験した人は多いだろう. 我々の人生は, 行動の集合である.

こうした行動は, 生まれてから今に至るまで, 時々刻々と変化している. 子どもの頃の朝食はパンが多かったが, 今はご飯を食べるようになっているかもしれない. 友人AとBとは仲が良かったが, いつの間にか友人Bとは疎遠になっているかもしれない. 強面の上司を見ると不安な気持ちになっていたが, 仕事を続けるなかでそうした気持ちが薄らいでいくかもしれない. 我々の行動は, 毎日の生活のなかで変化しており, これから先も変化していくだろう.

こうしたさまざまな行動, そして行動の変化について, 当然沸き起こる疑問は「自分は, あの人はなぜその行動をとったのか」「なぜ行動が変化したのか」というものである. 自分はなぜ, 朝食はパンではなくご飯を食べるのだろうか. 自分はなぜ, 友人Aと話すのは楽しいのに友人Bは避けてしまうのだろうか. あの人はなぜ, 自分ではなく友人Bと付き合うことにしたのだろうか. こうした疑問に, あなたは正確に答えられるだろうか. 「パンよりご飯のほうがおいしいからご飯を食べる」「友人Bは自分の好きな人と付き合っているから友人Bを避け

る」といったように，あなたは自分の行動とその変化の理由について何かしらの
答えを持っているかもしれない．しかしそれは，本当に正しい理由なのだろうか．

　心理学では古くから，「人間や動物はなぜそのように行動するのか」を明らか
にするために，さまざまな科学的研究を行ってきた．なかでも学習心理学は，人
間や動物がとる行動の理由に加えて，行動が変化する背景を明らかにすることを
目指してさまざまな知見が積み重ねられてきた．本書では，そうした学習心理学
の知見について，さまざまな実習や計算課題，コンピュータシミュレーションを
読者自らが経験することを通じて学んでいく．

1.2　学習の定義

　学習という言葉から，我々が思い浮かべるものは多岐にわたる．「外国語の学
習をする」というように，何かを勉強するといった意味を思い浮かべるかもしれ
ない．何かを勉強することも学習のひとつではあるが，心理学における学習は，
より幅広い現象を含んでいる．心理学において学習とはさまざまなかたちで定義
されるが，一般的なもののひとつは「経験によって生じる比較的永続的な行動の
変化」というものである．この定義に合っていれば学習であり，合っていなけれ
ば学習とは呼ばれない．どのようなものが学習であり，どのようなものは学習と
は呼ばれないのかを，この定義に従って見ていこう．

1.2.1　学習とは経験によって生じる

　人間や動物の行動の変化は，必ずしも後天的な経験によってのみ生じるのでは
ない．身体的な成熟や発達，加齢によっても行動は変化する．たとえば成長して
声変わりが起こって発声が変化することは行動の変化ではあるものの，経験によ
って生じるわけではないので学習とはみなされない．老化によるさまざまな身体
的衰えから行動が変化しても，やはり学習とは呼ばれない．

　ただし，こうした成熟や発達に伴う行動の変化であっても，後天的な経験の影
響を受けるものが存在する．よく知られた例として刻印づけ（刷り込み，
imprinting[1]）がある．卵から孵ってまもなく開眼する鳥類のなかには，生まれ
て最初に見た動くものに追従するという行動を示すものがいる．野生環境内では
孵化して最初に目にする動くものは親や同種の他個体であることから，多くの場

合養育者である親を追従することになるが，この行動は生まれながらに持っているものではなく「動くものを見る」という経験に支えられている．また，性行動は成熟に伴って生じる行動ではあるが，どのような対象に性行動をとるかは発達初期の経験によって影響されることが知られており，性的刻印づけ（sexual imprinting）と呼ばれる．このように，発達や加齢に伴って生じる行動の変化であっても，その背景には経験による影響がある例は多い．

1.2.2　学習の効果は（比較的）永続的である

　経験によって生じる行動の変化のなかには，短時間でその効果が消えてしまうものもある．たとえば，スポーツの練習によって起こる技能の向上は，その効果が永続的なために学習と呼んでよいが，練習のしすぎによる疲労のために起こる行動の変化は，休息することでもとに戻るため学習とは呼ばれない．また，「アルコールの摂取」という経験はさまざまな行動の変化をもたらす．しかしそうした行動の変化は，アルコールが代謝されて薬物としての効果が薄れるにつれて変化した行動もまたもとに戻るため，学習と呼ばれることはない．どの程度持続すれば「比較的永続的である」と判断してよいのかの明確な基準はないが，疲労や薬物のように行動変容の効果が一時的なものは学習とはみなされない．

　その一方で，アルコールをはじめとする薬物の摂取による行動の変化のなかには，比較的永続的なものも存在する．アルコールやニコチンといった薬物は一時的な行動の変化を引き起こすが，継続的に薬物を摂取していると薬物の効果が弱くなってより強い薬物を求めるように行動が変化することがある．こうした行動の変化は，学習の影響を受けていることがさまざまな研究から示されている．

1.2.3　学習とは行動の変化である

　「学習とは行動の変化である」といったときに，行動という言葉の意味を考えておくことは重要である．日常的には，我々は手足を動かす，言葉を話すといったように，第三者から見てわかるような身体的な動作を行動と呼んでいる．これ自体は大きく間違ってはいない．したがって，なにかしらの経験をしたにもかかわらずその効果が行動の変化として観察できない場合，我々は「学習した」とはみなさないということになる．

　しかし「第三者から見てわかるような身体的な動作」としての行動という言葉

は，日常的な意味合い以上に多くのものを含みうる．身体的変化という意味では，たとえば血圧の変化や心拍数の変化などもまた，行動としてとらえることができる．初対面の人と会うときには緊張で心拍数が上がるが，何度も会って打ち解けていくことで心拍数の増加が起こらなくなる，というのも広い意味での学習である．血圧や心拍の変化といった自律神経系の働きは，我々が日常において目で見てわかるような変化を伴わないかもしれないが，血圧計や心拍計といった計測機器によってその変化を確認することができる行動の一種であり，学習によって変化する．

　自律神経系と同様に，中枢神経系の活動もまた，「第三者から見てわかるような身体的な動作」ではないように思われるかもしれないが，学習によって変化する．たとえば「勉強して解けない問題が解けるようになる」というのは学習が起こったと判断できるが，「勉強しても解けない問題は解けないまま」ということであっても，中枢神経系においてなにかしらの永続的な変化が起こっていれば学習が起こったとみなすことができる．こうした学習に伴う中枢神経系の変化も，さまざまな神経科学的測定技法によって確認することができる．

　自律神経系や中枢神経系の学習による変化は，身体的な動作の変化としてすぐには表出されない場合がある．たとえば，勉強してもそのときには問題が解けなかったとしても，次のテストのときには勉強する時間が増えた，といったことは起こるかもしれない．この例では，「勉強する」という経験によって「問題が解ける」という行動の変化は見られなかったものの，「次のテストが近づく」という状況の変化があることで「勉強時間が増加する」という変化が確認できたことになる．このように，経験による効果が行動の変化としてすぐには確認できなくとも，適切な状況が設定されるとその効果が表れる場合もある．

1.3　学習研究の歴史

　学習研究の歴史は古く，心理学が独立した科学としての歩みを始めるよりはるかに前から多くの関心を集めてきた．古代ギリシャの哲学者プラトン（Plato）の「パイドン」には，「なにしろ君は，学習と呼ばれていることがどうして想起なのか，信じられないようだからね．（中略）ところで，恋する人々は，かれらの愛する少年たちがいつも使っている竪琴とか，上衣とか，なにかそういうもの

を見ると（中略）その竪琴の持ち主であった少年の姿形を心に想い浮かべる」という一節が登場する[2]．少年が竪琴を奏でるのを繰り返し聴くという経験によって竪琴を見るだけで少年を思い浮かべるようになったという変化が起こったということで，現代の我々からみれば，これはまさしく学習である．しかしプラトンは，こうした現象の背景を，後天的な経験ではなく人間が生まれる前から持っている知識を想起することに求めた．これに対して，プラトンの弟子であるアリストテレス（Aristotelēs）は，「記憶は再生可能なひとつの経験の所有である」と考え，経験を重要視する立場をとった．

　経験によって我々が知識を獲得し，行動を変化させるメカニズムについて哲学的基礎を与えたのがイギリス経験論と呼ばれる立場である．ロック（Locke, J.）は，人間は生まれたときには何も刻まれていない石板（タブラ・ラサ，tabula rasa）であると考え，観念同士の結びつき（連合，association）に基づいて経験によってさまざまな知識が獲得されていくと考えた[3]．連合に基づいた知識や行動の獲得という思想は，ヒューム（Hume, D.）やスペンサー（Spencer, H.）といった人々に影響を与え，観念連合が形成される条件が議論された．こうした議論は哲学的な思考に基づくもので現代的な意味では実証的ではないものも多かったが，19世紀の終わりから20世紀の初頭にかけて，パブロフ（Pavlov, I. P.）[4]によるイヌの唾液分泌反射の研究から古典的条件づけ（3章を参照）が，ソーンダイク（Thorndike, E. L.）[5]によるネコの問題箱実験から道具的条件づけ（4章を参照）がそれぞれ実験的に扱われるようになり，動物や人間が経験によって行動を変えていく様子を実証的に扱う基盤が形成された．

　学習という現象を実験的に扱うための基本的な手続きの確立は，心理学という学問そのものの方法論的・思想的背景にも影響を与えたといえる．実験心理学の父と呼ばれるヴント（Wundt, W. M.）の研究とそれをアメリカに導入したティチェナー（Titchener, E. B.）による，実験参加者が自らの意識経験を観察して報告する内観（introspection）を重視した研究を，ワトソン（Watson, J. B.）は強く批判した．ワトソンは，直接的な観察の難しい意識ではなく，筋肉の収縮や（唾液分泌のような）腺活動のように直接観察することのできる行動を研究対象とするべきだと主張し，行動主義（behaviorism）を打ち出した[6]．ワトソンはパブロフによる古典的条件づけ研究に基づいて刺激と反応の連合によって人間や動物の行動を科学的に研究するという方向を目指した．

　ワトソンの行動主義における，研究の対象を直接観察できることのできるもの
に限定するという発想は，ある種の科学的姿勢として間違っているわけではない．
一方で，物理学において自然科学的な方法で研究されている「力」というものは，
それ自体を直接観察することができるものではない．たとえば机の上に置かれた
コップを押して移動させたとき，我々が観察できるのはコップを押す手が動いた
ことや静止していたコップが動いたことであって，「力」そのものではない．し
かしこの例では，「静止している物体に別の物体が作用して運動したとき，そこ
に力が働いたとみなす」と考えれば，力そのものを直接観察することができなく
とも，その働きを扱うことができる．

　こうした発想に基づいて，ワトソンが排除した人間や動物の内的過程をとらえ
ることができる．たとえば「空腹を感じるので食事をする」という状況を考える
と，「空腹を感じる」は主観的で外部から観察することができないものである．
一方で，「食事を見る」あるいは「前に食事してからの経過時間」は客観的に観察・
測定ができる．そこで，「空腹」という内的な過程を，「食事を見たり，前に食事
してから時間が経過したりすることによって増加し，それによって食物摂取量が
増加するもの」と定義してみよう．つまり，「空腹」そのものを直接観察するこ
とはできないが，それを変化させるための手続きとそれが変化したことを観察す
る方法を用いて定義することで，操作と測定の方法によって客観化できる．こう
した定義の方法を，操作的定義と呼ぶ．操作的定義によって客観的に定義された
内的変数，あるいは刺激と行動の間にある媒介変数を考慮にいれた研究は，ハル
（Hull, C. L.）やトールマン（Tolman, E. C.）といった研究者によって推し進めら
れ，方法論的行動主義と呼ばれる流れを形成した．

　方法論的行動主義では，「空腹を感じるので食事をする」という例に示されて
いるように，「空腹」という内的変数が「食事をする」という行動の原因である
ような解釈が行われる．これに対し，「食事を見る」あるいは「前に食事してか
らの経過時間」といった環境の要因が「空腹」という主観的経験（私的事象）と
「食事をする」という行動（公的事象）を制御していると考え，内的変数が行動
の原因であるという発想を排除する立場も登場した．これを徹底的行動主義と呼
び，提唱者のスキナー（Skinner, B. F.）は行動分析学という学問を創始した．
先述のハルやトールマンと合わせて，ワトソンの行動主義を批判的に乗り越えて
いったこうした立場を新行動主義と呼ぶ．

現代の学習心理学の研究がすべて古典的条件づけと道具的条件づけという手続きに基づいて行われているわけではないが，よって立つ思想的立場としてはおおむね方法論的行動主義と徹底的行動主義に分類することができる．これらの立場が問うのは，「経験による行動の変化はどのような内的過程によって支えられているか」という問題と，「環境と行動の間にはどのような関数関係が存在するか」という問題である．

1.4 学習研究の方法

現代の心理学研究においては，観察や実験，調査といった実証的方法が中心となっており，学習心理学も例外ではない．学習が「経験によって生じる比較的永続的な行動の変化」と定義されることを考えると，「どのような経験を与えれば，行動がどう変化するか」を検証することが重要であると思われる．そこで，学習研究では行動の変容を引き起こす原因と考えられる経験という変数（独立変数）を操作し，結果として生じる行動の変容を表す変数（従属変数）を測定するという実験法が用いられることが多い．

たとえば，「暴力的表現のあるゲームをすると攻撃性が上がる」という仮説があったとしよう．ここでは，暴力的表現のあるゲームをするという経験によって，攻撃行動の変化が生じたとすれば，これはなにかしらの学習が生じたと言ってよいだろう．この仮説を検証するために，暴力的表現のあるゲームをする条件としない条件を設定して独立変数を操作し，その後に攻撃行動の頻度という従属変数を測定することで，経験による行動の変化としての学習が生じるかどうかを確認するという実験を行うことが考えられる．

この例で重要なのは，攻撃行動に影響を与える可能性のある要因が暴力的表現なのか，あるいはゲームなのかを分離することがこの方法ではできないということである．もし「暴力的表現が攻撃行動に影響する」という仮説が本来検証したいものならば，「ゲームをする」という経験は従属変数に影響を与える可能性のある余計な変数であるといえる．このように，効果を検証したい独立変数以外に従属変数に影響を与える可能性のある変数を剰余変数と呼ぶ．適切な実験研究においては，剰余変数の影響を排除するために，適切な統制条件を設定する必要がある．先の例では，暴力的表現のあるゲームを行う条件に対し，暴力的表現のな

いゲームを行う条件を統制条件として設定する必要があるだろう.

　学習という現象に影響する変数は数多い. 人間が対象の場合, 特にその影響は顕著である. たとえば食物の好みに関する学習の効果を研究したいといった場合, 研究対象となる人間の参加者が日常的に何を好んで食べているか, また実験に参加するまでにどういった食生活を行ってきたかを完全に統制することは困難である. このため, 学習心理学では過去の経験を統制しやすいラットやハトといった動物を対象とした研究が数多く行われてきた. 実際, 3章で紹介される古典的条件づけは当初はイヌを対象とした実験で研究されていたし, 4章で紹介される道具的条件づけはネコを用いた研究が出発点である. 本書でも, 実際に動物実験を経験してもらうことは難しいものの, 動物を対象としたデータに触れてもらうことでその一端を経験してもらう.

　近年では, コンピュータの性能向上や数学的理論の発展を受けて, 計算機シミュレーションによる理論研究も盛んに行われている. 学習心理学が扱う研究対象は人間や動物といった生物であり, 学習という機能を支えているのは生物が持つ中枢神経系や身体である. こうした生物が, 経験によって行動を変化させるという学習の機能をどういう方法で実現しているのかを抽象的かつできるだけ一般的に表現したものを学習理論と呼ぶ. 適切に抽象化され, 数式で表現されることによって, コンピュータによるシミュレーションや, あるいはロボットのような人工物への実装が可能になり, 理論による予測や実世界での検証を行うことができる. 特に強化学習と呼ばれる領域は, 条件づけ研究にその起源のひとつを持ちつつ, 多くの隣接領域の知見や方法論を取り入れて近年長足の進歩を遂げている. この話題については7章で扱う.

1.5　学習研究の応用的意義

　学習という現象は, なにも実験室のなかだけで起こるものではない. ここまでにも例を挙げてきたように, 我々の日常生活は学習という現象であふれている. 我々の日常生活における行動が学習の影響下にあるのならば, 自分や他人の行動を学習によって好ましい方向へ変化させるというような応用が考えられる.

　たとえば教育場面においては, 行動分析学の創始者スキナーは「ティーチングマシン」と呼ばれる装置を考案し, 3章で詳述する強化原理を応用して学習者ひ

とりひとりの進度に合わせて問題を提示することで学習の効率化を目指す仕組みを提案した[7]．スキナーの試みは，IT技術の進歩した現代にあっては，タブレット端末などを利用することである程度実現されている．

スポーツをはじめとする技能の獲得においても，学習心理学の知見が応用されている．行動コーチングと呼ばれる方法では，さまざまな運動技能の獲得において行動がもたらす結果の知識（knowledge of result, KR）や自分がどのように運動しているかに関する遂行の知識（knowledge of performance, KP）を学習者にフィードバックとして与えることで，技能の向上を促進する．これらの応用には，特に道具的条件づけに関する知識が用いられている．

こうしてみると，学習によって我々の日常はよりよいものになっており，学習を促進することが適切な応用であると思われるかもしれない．しかし現実には，学習によって社会的不適応が生じることもある．行動主義の創始者ワトソンは，「アルバート坊や」と呼ばれる乳児を対象に，古典的条件づけによって恐怖という情動が学習されることを示したとされる[8]（6章参照）．「このあとに怖い出来事が起こる」といったときに恐怖反応を学習し，その場から逃走するといった行動が起こること自体は適応的なものである．しかし「人身事故を目撃してから怖くて電車に乗れない」といったことが起こると，現代社会では大きな問題となることもある．学習というメカニズム自体は正しく働いているのだが，結果的に社会的な不適応が生じてしまうわけである．

学習によって獲得された社会的不適応を引き起こすような行動を，学習心理学の知見によって変容させようというさまざまな試みが実践されている．行動療法や認知行動療法と呼ばれる技法には，古典的条件づけや道具的条件づけに関する実験事実や理論が大きな影響を与えており，臨床現場は学習心理学にとって重要な応用先であるといえる（臨床応用については6章を参照）．

1.6 より深い理解のために

本章では，これから学習心理学を学んでいくにあたって，まず学習の定義を行い，研究の歴史を簡単に振り返ったうえで，研究方法と応用先について紹介した．これはあくまでも導入であり，本書全体を理解するうえでの共通部分，土台となる部分にあたる．個別の問題に関する詳細については，次章以降を読み進めるな

かで理解を進めてもらいたい.

　学習心理学という研究領域は, 歴史が古いことや扱う現象が幅広いこともあり, 取り上げるべき話題がきわめて多い. 本章では, そのなかでも基本となるような行動主義の系譜に連なる学習心理学について紹介した. 次章以降についても, おおむねこうした流れに従って内容が展開される. しかしこれが学習心理学のすべて, というわけではない. ぜひ, ほかの成書もあたってみてほしい（デジタル付録〈e〉1.1）. 　　　　　　　　　　　　　　　　　　　　　　　　　　〔澤　幸祐〕

文　献

1) Lorenz, K. Z. (1937). The companion in the bird's world. *The Auk,* **54**, 245-273.
2) Plato (360 BC). Phaidon.（岩田靖夫（訳）(1998). パイドン—魂の不死について　岩波文庫）
3) Locke, J. (1689). *An essay concerning human understanding.* 4th ed. Printed for Awnsham and John Churchil, and Samuel Manship.（大槻春彦（訳）(1974). 人間知性論（1-4 巻）　岩波文庫）
4) Pavlov, I. P. (1927). *Conditioned reflexes* (G. V. Anrep, Transl.). Oxford University Press.
5) Thorndike, E. L. (1911). *Animal intelligence: Experimental studies.* Macmillan.
6) Watson, J. B. (1913). Psychology as the behaviorist views it. *Psychological Review,* **20**, 158-177.
7) Skinner, B. F. (1968). *The Technology of Teaching.* Appleton-Century-Crofts.
8) Watson, J. B. & Rayner, R. (1920). Conditioned emotional reactions. *Journal of Experimental Psychology,* **3**, 1-14.

2章
馴 化 と 脱 馴 化

2.1 日常生活における馴化

　あなたが自室で作業をしている最中に，隣の部屋から突然，女性の悲鳴が聞こえてきたとしよう．あなたは女性の悲鳴に驚くと，心臓の鼓動は速くなり，手のひらは汗ばみ，作業していた手も止まってしまった．何が起こったのかを隣の部屋に確かめに行くと，隣の部屋では家族がホラー映画を鑑賞していた．どうやら先ほどの悲鳴はこのホラー映画での演出のひとつであったらしい．何事もなかったことに胸をなでおろすと，自室に戻り，作業の続きを始める．しばらくするとまた女性の悲鳴が聞こえてきた．すると今度の悲鳴でも驚きはしたが，最初の時ほど心臓の鼓動は速くならず，手のひらも汗ばむことはなかった．取り組んでいた作業も中断することなく，どうせ映画の演出だろうと隣の部屋に確認に行くこともしない．その後にも幾度か女性の悲鳴は聞こえてきたが，繰り返されるにつれて気にならなくなった．

　このように，ある刺激（この場合は“悲鳴”）によって生じる反応（この場合は“驚愕反応”）が，刺激の繰り返し提示によって減弱する現象を馴化（habituation）と呼ぶ．ある刺激への曝露を繰り返して経験することによって後の行動が変わるという観点からすると，馴化も学習のひとつの形態であると考えることができる（古典的条件づけやオペラント条件づけなどは連合学習と呼ばれるが，それに対して馴化は非連合学習と呼ばれることがある）．本章では，馴化がどのように定義されているのか，馴化を利用した実験手法，さらにそのメカニズムにはどのようなものが想定されているのかを概観し，実際に馴化を体感できるようなコンテンツを用いて馴化に関する理解を深めることを目標とする．

2.2　馴化の定義

　オオカミ少年という寓話では，嘘つき少年が村人たちに対して何度も嘘をつくことによって，村人たちは次第に少年の言うことに耳を貸さなくなる．少年の嘘に対する村人たちの反応が馴化していったと解釈することができる．重要なのは，このような寓話が作られた年代においても，ヒトのこのような行動特性が既に認識されていたということである．このように馴化と呼べるような現象が古くから広く人々に認識されていたことが一因であるかもしれないが，初めて馴化という言葉を実験的研究において用いた研究者ははっきりしないようである．トンプソン（Thompson, R. F.）は少なくとも20世紀の初頭には馴化という言葉が広く使われていたことを指摘している[1]．

　馴化は多くの動物種において確認することができる．先の例に挙げたようにヒトはもちろん，学習心理学の実験において広く使用されている，ラットやマウスといった実験動物でも音刺激や視覚刺激に対して馴化が生じる．哺乳類だけではなく，アメフラシと呼ばれる軟体動物や線虫と呼ばれる線形動物でも馴化は確認されている．特にアメフラシを用いた実験系は，馴化の神経メカニズムの解明において重要な役割を担った．

2.3　馴化の特性

　トンプソンとスペンサー（Spencer, W. A.）は，ネコの後肢反射における馴化の特性を，9つの特徴としてまとめた[2]．これらの特徴は馴化と呼ばれる現象を体系的に定義し，馴化とそれ以外の現象を区別するうえで重要なものであった．さらにこれらの特徴は2009年にトンプソンを含む複数の研究者によって改変された．彼らは新たに特徴を1項目付け足し，合計10項目の特徴によって馴化を定義することを提案している[3]．以下ではランキン（Rankin, C. H.）らによって提案された馴化の特徴10項目について順に概観し，馴化と呼ばれる現象について詳しく解説していく．

　①刺激を反復提示すると，それに対する反応が一定の水準まで減弱する．

　この項目は，刺激を反復提示することによって生じる，反応の減弱が馴化であ

るということを記述している．馴化の基本的な特性を捉えた項目であると言える
だろう．「反応の減弱」とは，反応の頻度が減少することもあれば，反応の大き
さや規模が減弱することもある．また，反応の減弱は一定の水準まで達するが，
反応が必ずしも消失するわけではなく，ある一定の水準以上は反応が減弱しない
場合もある．馴化における反応の減弱は刺激の提示回数に対して負の指数関数的
に急速に進むことが多い（図2.1a）．ただし，反応の減弱は必ずしも負の指数関
数的にはならないことが近年では指摘されている．

　②刺激の反復提示によって反応が減弱した後に，刺激の提示を中断すると，刺
激を再提示した時の反応は増大する（馴化の自発的回復）．

　③刺激の繰り返しと自発的回復を複数回繰り返すと，反応の減弱はより速やか
に明確に生じる（馴化の増強）．

　これらの項目は馴化の自発的回復と，馴化の増強として知られている現象を示
している．ある刺激に対して生じた反応の馴化は，刺激の提示が中断されること
で減弱する（図2.1b）．「反応の減弱」が減弱するというとやや混乱をきたすか
もしれないが，刺激提示の中断によって，刺激に対する反応の規模が再び元の水
準ないしそれに近いものへと回復すると考えればよい．馴化の増強とは，馴化と
自発的回復を繰り返すことによって，馴化が生じるために必要な刺激の反復提示
回数が自発的回復後に次第に少なくなる現象を示す．

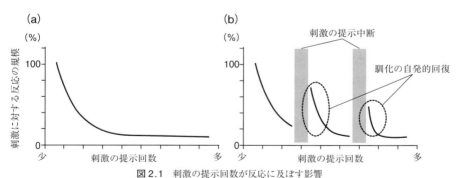

図2.1　刺激の提示回数が反応に及ぼす影響

a：刺激の反復提示回数に対する反応規模の減弱．ある刺激が初めて提示された時に生起した反応の規模を
100％とした場合，刺激の提示回数が増えるに従って反応の規模は減弱する．図に示したように負の指数関
数的に減弱する場合もあるが，刺激の提示回数に対して反応が直線的に減弱していく場合もある．反応が
完全になくなる場合もあれば，図のように一定の水準で推移し続ける場合もある．
b：刺激の提示を中断した後に再び刺激を提示すると，減弱していた反応の規模は自発的に回復する．刺激
の提示を複数回中断すると，自発的回復の程度は弱くなる．

④刺激を提示する頻度が高いほど速やかに馴化が生じる.

⑤刺激の強度が弱いほど馴化は速く明確に生じる.

　これらの項目は刺激の提示頻度や刺激の強度が馴化にどのような影響を及ぼすのかを端的に示している. 刺激が提示された回数が同じであっても, 刺激が提示される頻度が高いほど馴化が速やかに生じる (図2.2a). このとき, 高頻度で提示された刺激によって生じた馴化は速やかに自発的回復をすることが知られている. ただし, 速やかに自発的回復がなされるためには十分な馴化がなされている必要がある.

　刺激の強度は弱いほど馴化が生じやすいといわれている. 逆に強度が強すぎる刺激では馴化が生じず, むしろ, 反応が増大することもある (図2.2b). これは鋭敏化 (sensitization) と呼ばれ, 馴化とは相反する現象である. トンプソンは刺激の反復提示によって生じるこれらの現象を説明するために馴化の二重過程理論を提唱した (後述).

⑥刺激の反復提示によって反応の減弱が十分になされた後でも, 刺激の反復提示の効果は蓄積する (零下馴化).

　刺激を反復提示することによって反応が減弱していくのが馴化であるが, 馴化の結果として反応が生じなくなる場合もあれば, そうでない場合もあることについては先述した通りである. 反応が減弱しないのであれば, それ以上, 刺激を反復提示しても効果はないようにも考えられるが, 実はそのような状況においても刺激提示による効果は蓄積されることが報告されている. このような場合におけ

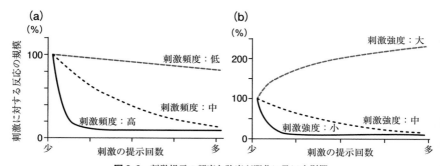

図2.2　刺激提示の頻度と強度が馴化に及ぼす影響
a：刺激の提示頻度が高いほど速やかに馴化が生じる.
b：刺激の強度が弱いほど馴化は速やかに生じる. 刺激強度が強いと反応の規模は減弱せず, 増大することがある. このような現象を鋭敏化と呼ぶ.

る効果の蓄積は，たとえば自発的回復が生じる時点を遅らせるといったような形で確認でき，零下馴化と呼ばれる.

　⑦同じ刺激モダリティにおいては，反応の減弱は刺激特異的である.

　⑧ある刺激に対して馴化が生じた後に異なる刺激を提示すると，ある刺激に対する減弱した反応が増大する.

　Aという音を繰り返して提示し，その音に対する反応が馴化によって減弱した後に，BというAとは全く異なる音を提示すると，Bという音に対して反応は減弱を示さない. すなわち，ある刺激に対して馴化が生じた場合，反応は反復提示された刺激に特異的に減弱を示す. 反応の減弱が刺激特異的に生じるという点は馴化において重要な特性である. ただし，馴化が生じた刺激Aに似た刺激A'が提示されると，刺激A'に対する反応の規模も減弱する場合がある. これは刺激般化と呼ばれる現象であり，馴化が生じた元の刺激に対して，新たに提示する刺激がどの程度類似しているのかに応じて反応の減弱の程度は変わることが知られている. 刺激に対する反応の減弱が同一モダリティの刺激に特異的なものであるのか，他の刺激に般化するものなのかについては般化テストを行って検討する必要がある. 一方で，鋭敏化においては，反応の増大は刺激特異的ではなく，他の刺激に対しても反応が増大することがある. この点から，鋭敏化を学習に含めない場合もある. 馴化における刺激特異性，あるいは刺激般化という特性は心的機能の評価に利用されることもある（2.5節参照）.

　刺激Aに対して十分な馴化が確認できた後に刺激Bを提示し，その後再び刺激Aを提示すると反応の減弱が回復することがある（図2.3）. この馴化により生じた反応減弱の回復のことを脱馴化（dishabituation）と呼ぶ. このとき，脱馴化を生じさせる刺激は，ターゲットとしている反応を生じさせ得るものである必要はない. 脱馴化が生じたのかを調べるためには，一度馴化した刺激に対する反応が増大するのかを検討する必要がある. 先に挙げた例に当てはめると，馴化した刺激Aにおける反応の増大を検討することで脱馴化が生じているのかを確認できるのであって，脱馴化を生じせしめた刺激Bに対する反応の増大を検討することではない. 後述するが，脱馴化という現象を意外と多くの研究者が勘違いをしたまま実験パラダイムに組み込んでいるということには注意を要する.

　⑨脱馴化するような刺激を繰り返し提示すると，脱馴化の程度が弱まる（脱馴化の馴化）

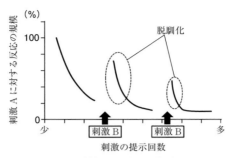

図 2.3 刺激 A に対する脱馴化

刺激 A を反復提示すると，刺激 A に対する反応の規模は馴化していく．しかし，刺激 B を提示した後に刺激 A を再び提示すると（刺激 B と刺激 A を同時に提示する場合もある），刺激 A に対する反応の減少は回復する．このような現象を脱馴化と呼ぶ．脱馴化を繰り返すと，脱馴化の程度が小さくなる（脱馴化の馴化）．

　刺激 A に対する反応が馴化した後に刺激 B を提示して，刺激 A に対する反応の馴化を脱馴化させる．脱馴化によって，刺激 A に対する反応の減少は回復し，刺激 B を提示する前よりも大きな反応を示すようになる（図2.3）．その後再び刺激 A を反復提示すると馴化によって反応は減弱していく．再び刺激 B を提示して脱馴化を起こすと，反応の回復量は初回の脱馴化で回復した量よりも少ないものとなる．すなわち，脱馴化が馴化するということである．

　⑩刺激の繰り返し提示の仕方によっては，反応の減弱は数時間から数日，あるいは数週間にまで及ぶ場合がある．

　刺激を多数回反復提示するといったような手続きを取ると，馴化による反応の減弱は長い時には数週間にもわたって示されるようになる．このような馴化を特に長期馴化と呼ぶ．長期馴化と通常の馴化（対比させて短期馴化と呼ぶ場合もある）とではその神経メカニズムが異なっており，長期馴化が生じるためには神経細胞レベルにおいて，シナプスが新たに形成されるなどの構造的な変化が必要であると考えられている．この項目は当初トンプソンらによって提唱された馴化の特徴には含まれておらず，後に追加された特徴である．

2.4　馴化と類似した現象との区別

　刺激の反復提示によって反応が減弱するというような事態は馴化以外にも生じる．たとえば，刺激の反復提示によって生じる効果器の疲労によっても反応は減

弱し得るし，順応と呼ばれる現象においても反応は減弱する．ここまでに示して
きた馴化の定義に基づいて，これらの現象と馴化とを区別する．

　刺激を反復提示することによって効果器が疲労し，結果として反応が減弱する
場合がある．しかしながら，そのような原因による反応の減弱は，刺激が弱い方
が馴化しやすいという特性によって，馴化とは区別される．なぜならば，一般的
に提示される刺激の強度が強い方が効果器は疲労を蓄積しやすいためである．さ
らに，効果器の疲労によって反応が減弱しているのであれば，馴化の特性の7番
目の項目にあるような刺激特異性は生じない．効果器が疲労によって作用しない
のであれば，同じ反応をもたらす刺激であればどのような刺激に対する反応であ
っても減弱するはずである．以上の点において，馴化と効果器疲労によって生じ
る反応の減弱とは区別が可能である．

　順応（adaptation）とは持続的にある刺激に曝されることでその刺激に対する
感度が低下する現象である．順応の代表的な例は明順応，暗順応と呼ばれる，環
境に対する視覚感度の変化である．明るい部屋から暗い部屋に移動すると，移動
直後には何も見えないが，しばらくするとわずかな光でも感じ取ることができる
ようになり，徐々に周囲の様子が見えてくる．このように，暗い環境に適応する
ように視覚感度を減ずるような場合を暗順応と呼ぶ．一方で，暗い部屋から明る
い部屋に移動すると，移動直後はまぶしくて周囲の様子がわからないが，その後
すぐに周りが見えるようになる．このような明るい環境に適応するように光感度
を減ずるような場合を明順応と呼ぶ．馴化と順応を区別する点は，①馴化の場合
は刺激が断続的に与えられ，反応の減弱は比較的長期にわたるものであるが，順
応の場合は刺激が持続的に与えられた直後に生じるごく短時間での変化であると
いう点，②馴化の特性に示した3番目の項目にあるような増強効果は順応にはな
いという点などが挙げられる．

　以上のように馴化の定義と照らし合わせると，馴化とそれ以外を区別すること
が可能である．

2.5　馴化を用いた実験系

　本章の冒頭でも述べたように，馴化は無脊椎動物から哺乳類にわたるまで広く
観察される．もちろん，神経回路の構造は動物種によって異なるので，全く同様

の神経回路メカニズムがすべての動物種を横断して存在しているわけではないが, その基本的な構成要素は動物種に共通するものであると考えてもよいだろう. この考えに基づいて, 馴化という現象を利用して生物の心的機能を記述しようとする試みは現在も行われている. 以下では, 馴化を利用した実験パラダイムや, 馴化の神経メカニズムについて紹介する.

2.5.1 馴化−脱馴化法

刺激 A に対する反応が馴化によって減弱した後に, 刺激 B を提示すると, 刺激 B に対する反応は刺激 A に対する反応よりも大きくなる. これは馴化の刺激特異性という特徴に基づいた予測であるが, この予測が成立するためには, 刺激 A と刺激 B を別のものとして認識できる能力が備わっている必要がある. すなわち, 刺激 A の情報を保持し, 他の情報と弁別できる能力が必要となる. この仮説に基づいて, 乳児や動物など言語報告ができない対象に対してこれらの能力を評価する方法として開発された実験手法が馴化−脱馴化法である (図2.4).

ここで注意してほしいのは, 「脱馴化」という言葉が用いられているが, 評価しているのは脱馴化ではないということである. 先にも述べている通り, 脱馴化というのは馴化によって減弱した刺激 A に対する反応が刺激 B を提示した後で増大するということであり, 刺激 A に対する反応よりも刺激 B に対する反応の方が大きくなるということではない. したがってこの実験方法の命名は本来の意味とは異なったものであるのだが, 現在では広く使われているため注意を要する.

2.5.2 物体再認課題

物体再認課題は主にラットやマウスといった齧歯類を対象に行われる, 記憶を評価するための行動実験課題である. 実験に特別な装置を必要とせず, 通常の学習実験と比較してごく短時間で遂行できるため, 心理学をはじめとして, 脳神経科学, 行動薬理学など広い学問領域で利用されている.

物体再認課題はある程度の広さがある箱, 同じものを複数用意できる物体が数種類あれば行うことができる. 課題という名称ではあるが, 被験体には何かが課されているわけではないし, 被験体の食餌なども制限しないことが一般的である. 物体再認課題では装置内での自発的な行動が評価される. 物体再認課題における刺激は物体であり, 刺激に対する探索行動が反応にあたる. まずは装置そのもの

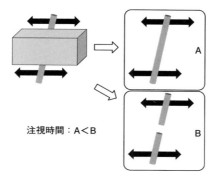

図 2.4 乳児に対して用いられる馴化-脱馴化法の例（文献 4 より作成）

左に示したような，箱の上下から突き出た棒が左右に移動しているような図形を乳児に対して提示する．見たことのない図形なのではじめは棒が左右に移動する様子を乳児は注視しているが，この刺激に対して馴化が生じることにより，注視時間は次第に短くなっていく．十分に馴化が生じたところで，A もしくは B のような刺激を提示する．このときのそれぞれの刺激に対する注視時間を比較すると，A よりも B に対する注視時間の方が長くなる．このような現象は 4 か月児において確認されており，4 か月児の段階で箱の上下で運動する棒に共通した運動を手がかりに棒の単一性を知覚できることを示している．

に対する探索行動を減少させるために，装置内に被験体を留置し自由探索させる．装置に対して十分に馴化が生じた後に馴化フェーズを実施する．馴化フェーズでは図 2.5 左に示したように装置内に同じ形状の物体を 2 つ配置し，被験体が装置内部を自由探索している様子をビデオカメラなどで撮影する．この時点では被験体にとって装置内部に設置された物体は新奇な刺激である．被験体は新奇刺激に対する反応として，近づいて匂いを嗅ぐといったような探索行動（スニッフィング）を示す．このような探索行動は馴化によって徐々に減少していく．馴化フェーズの後，ある程度の時間間隔を空けてテストフェーズを実施する．テストフェーズでは装置内部に 2 つ設置していた物体のうち片方を形の異なる新奇物体に変え，再び被験体を装置内部に留置する．このとき，被験体が以前提示された物体を覚えているのであれば，その物体に対する探索行動は馴化によって減ぜられる．一方で，新奇物体に対しては馴化が生じてないため，より長い探索時間を示す．結果は図 2.5 に示したような公式によって弁別指標として評価される．弁別指標の算出方法にはいくつかあるが，図 2.5 に示した方法によって算出した弁別指標は，0.5 以上であれば新奇物体を既知物体よりも長く探索していることを意味する．新奇物体をより長く探索したという事実は，被験体が馴化フェーズで提示された物体をテストフェーズの時点で覚えており，既知物体と新奇物体とを弁別す

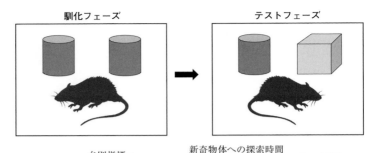

$$弁別指標 = \frac{新奇物体への探索時間}{既知物体への探索時間 + 新奇物体への探索時間}$$

図2.5　ラットを対象とした物体再認課題の例

物体再認課題は物体への馴化を目的とするフェーズと記憶をテストするフェーズとに分けられる．それぞれの図は装置内部を上から見た概略図である．馴化フェーズでは2つの同じ物体を装置内で提示し，装置内部を探索させる．馴化フェーズではラットが初めて見る物体なので，物体に対して匂いを嗅ぐなどの探索行動を行う．このような反応はしばらく探索させることにより，次第に生じなくなる．馴化フェーズの後にテストフェーズを行う．テストフェーズでは提示していた物体のうち片方を新奇な物体へと交換する．

ることが可能であったためであると解釈される．

2.5.3　アメフラシにおけるエラ引き込み反射

　馴化は比較的単純な学習の形態であると考えられているが，それでもその神経メカニズムを明らかにすることは困難であった．この点に関して，カンデル（Kandel, E. R.）はアメフラシを実験の対象とし，実に鮮やかな手法をもって馴化の神経メカニズムを解明した．アメフラシでは水管と呼ばれる器官に触刺激を与えるとエラを引き込むという無条件性反射があることが知られている．この無条件性反射において，水管への繰り返し刺激によるエラの引き込み規模の減弱という馴化が生じる．カンデルはアメフラシにおけるこの現象を利用した．アメフラシの神経回路は哺乳類などと比べると単純なものであり，モデル動物として有用であった．エラ引き込み反射の馴化に関与する神経は水管の感覚ニューロンとエラに投射する運動ニューロン，運動ニューロンを調整する介在ニューロンである．カンデルは，感覚ニューロンからの出力強度，介在ニューロンと運動ニューロンへの入力強度が馴化によってどのように変わるのかを検討した．結果として，図2.6に示すように，馴化によって感覚ニューロンから放出される神経伝達物質の量が減少していることが明らかになった．カンデルは，同様の実験系を用いて

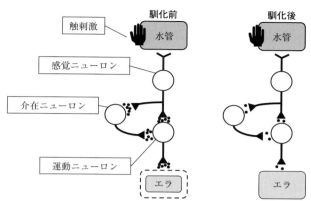

図 2.6 アメフラシのエラ引き込み反射における馴化の神経メカニズム（文献 5 より作成）
アメフラシのエラ引き込み反射には水管への感覚情報が入力される感覚ニューロンと，エラの引き込みを
出力する運動ニューロン，感覚ニューロンから入力された情報を修飾する介在ニューロンの 3 種類が関与
している．水管への触刺激によって感覚ニューロンから多量の神経伝達物質が放出され（図では黒い丸で
示している），運動ニューロンへ情報を伝達する．カンデルらの一連の研究によって，馴化が生じた後では，
感覚ニューロンへの入力強度は変わらないが，感覚ニューロンから放出される神経伝達物質の量が減少す
ることがわかった．感覚ニューロンからの神経伝達物質の放出量が減少することによって運動ニューロン
の興奮の程度は減弱し，エラの引き込み規模も減弱する．

鋭敏化の神経メカニズムも明らかにしている．このことについてはカンデル自身が
詳しい解説をまとめているので，関心がある読者はそちらを参考にしてほしい[5]．
　カンデルによって馴化の基本的な神経メカニズムは解明されたが，このメカニ
ズムがすべての動物種において観察されるすべての馴化を説明できるものではな
い．今後もさらなる研究の進展が望まれる．

2.6 馴化のモデル

　馴化についてはいくつかの学習モデルが考案されている．ここでは，そのうち
の代表的なものを紹介する．どのようなメカニズムによって馴化が成立している
と考えられているのだろうか．

2.6.1 二重過程モデル

　二重過程モデルは上述した馴化の 10 の特徴（モデル提唱当時は最後の 1 項を
除く 9 つの特徴であった）を基に，トンプソンらによる二重過程理論において考

案されたモデル[6] である．二重過程モデルは現在では最もよく知られている馴化のモデルのひとつである．

　ここまで，反応が刺激の反復提示によってどのように馴化するのか，図 2.1 から図 2.3 に示すような形で図示してきた．これらの図は説明のために簡略化されたものであり，実際の実験によって得られたデータはややグラフの形状が異なる場合がある．トンプソンとスペンサーはネコの後肢反射における馴化に着目して実験を行ったが，その際，刺激の反復提示開始直後に反応が一過性に増大することがあることに着目した．図 2.7a には一過性に反応が増大したのちに馴化によって反応が減ぜられていく様子を模式的に示している．馴化が生じているだけであれば，一過性とはいえ反応が増大するということは説明できない．トンプソンはこの点について，刺激の情報処理過程として，相反する 2 つの過程が同時並行で作用した結果ではないかと考えた．すなわち，反復刺激の情報は，反応の規模を減ずるような馴化過程（habituation の頭文字をとって H 過程と呼ばれる）と，反応の規模を増大させるような鋭敏化過程（sensitization の頭文字をとって S 過程と呼ばれる）を経て処理され，最終的に行動が表出されると考えた（図 2.7b）．ある入力に対して 2 つの過程が独立して並列的に処理を行っているということから，この馴化の学習モデルは二重過程モデルと呼ばれている．二重過程モデルによると，どちらの過程が優勢であるのかによって，結果として生じる反応が減少するのか増大するのかが決まると考えられている．たとえば，刺激の強度が弱い場合は H 過程が優勢であり，結果として反応は減少し馴化を示す(図 2.7c)．一方，刺激強度が強い場合には S 過程が優勢であり鋭敏化が生じる（図 2.7d）．

　この二重過程モデルは行動実験によって得られた知見と，神経活動記録によって得られた知見それぞれを根拠としており，馴化の神経メカニズムをある程度予見していた．しかし，トンプソンらは主にネコを被験体として用いていたため，神経メカニズムを明らかにしようとするには生体構造が複雑すぎた．そこでカンデルらは，先に挙げたアメフラシという単純な神経ネットワーク構造を有する動物を用いることによって，馴化・鋭敏化の神経メカニズムを明らかにしたのである．カンデルらによって示された結果は二重過程モデルによく合致するものであった．

2.6.2　その他のモデル

　二重過程理論以外にも，馴化を説明するようなモデルはいくつか考えられてい

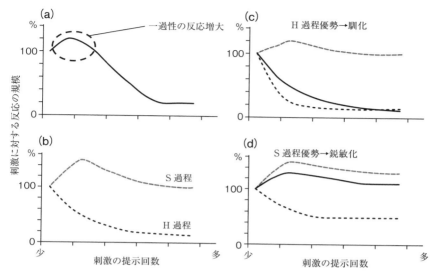

図2.7 馴化の二重過程理論（文献6より作成）
a：馴化が生じる前に一過性に反応が増大することがある.
b：二重過程モデルでは，反応規模を減ずるように信号が処理されるH過程と，反応規模を増大するように信号が処理されるS過程によって刺激が処理されている.
c：H過程がS過程よりも優勢な場合には馴化が生じる.
d：S過程がH過程よりも優勢な場合は鋭敏化が生じる.

る. たとえば，ワグナー（Wagner, A. R.）は古典的条件づけに関する理論として SOP（standard operating procedure）理論を提唱し，この理論によって馴化を説明した. SOP理論による馴化の説明についてはこの教科書の範囲を超えるので，詳しくは説明をしないが，初学者向けのウェブサイト（SOP Habituation Lab）が公開されている[7]. 説明はすべて英語だが，刺激の提示回数と反応の規模の関係性について，SOP理論に基づいたデータシミュレーションも用意されている. 「手を動かして学ぶ」ためには格好の教材であると思うので，ぜひ利用して理解を深めてほしい.

2.7 物体再認課題の実例

　以下では，馴化を適用した実験パラダイムのひとつとして紹介した，物体再認課題を実際に行った時の映像データを基に，ラットの行動解析を行い，馴化につ

いて理解を深めてもらう．実習を通して，物体に対する探索行動が馴化によって
減少していく様子や，新奇物体に対する探索行動が既知物体に対する探索行動よ
りも長くなることを実感してもらえることを期待している．

2.7.1 動画解析

　デジタル付録 ⟨e⟩ 2.1 と ⟨e⟩ 2.2 はどちらも実際の実験場面を装置上部から
記録した動画ファイルである．これらの動画ファイルにおいて，被験体であるラ
ットがどのように行動しているのかを観察してもらう．⟨e⟩ 2.1 は馴化フェーズ，
⟨e⟩ 2.2 はテストフェーズの映像である．馴化フェーズでは同一物体を2つ配置
しているが（物体Aと物体A′），テストフェーズではそのうち一方を新奇物体
に変更している（物体Aと物体B）．これらの物体それぞれに対してラットが示
した探索行動の時間をデータとして記録してほしい．ただし，何をもって探索行
動と定義するのかについては観察前に決定しておく必要がある．一般的には物体
の周囲数cm以内の距離にラットが物体のほうを向いて匂いを嗅いでいるような
行動（スニッフィング）を探索行動として定義することが多い．今回はスニッ
フィングを探索行動として定義し，その時間を計測することとする．⟨e⟩ 2.3 には
スニッフィングしている様子だけを示した動画ファイルを用意したので，着目す
べき行動がどのような行動であるのか様子を確認してから計測を行ってほしい．

2.7.2 データ解析

　物体再認課題は馴化を利用して記憶を評価する課題である（2.5.2項参照）．動
画解析によって得られたデータを解析し，テストフェーズの時点でラットは既知
物体を記憶していると考えられるのか確認してほしい．
　まず，馴化フェーズで得られたデータについて解析を行う．馴化フェーズでは
物体Aと物体A′が装置内部に配置されていた．これらの物体に対する探索時間
が時間経過とともにどのように変化していくのかを確認してほしい．⟨e⟩ 2.4 の
Excelファイルを使用して動画解析データの記録を行うと，自動的に経過時間ご
との探索行動時間を算出してくれる．物体に対して馴化が生じているのであれば，
時間経過とともに探索行動が減っていくはずであるが，どうであろうか．
　次に，テストフェーズの動画を解析して得られたデータを基に弁別指標を算出
する．⟨e⟩ 2.4 を使用して動画解析を行った場合は自動的に弁別指標を算出して

くれる（弁別指標の算出方法は図2.5を参照）．弁別指標が0.5よりも大きな値をとった場合には，既知物体よりも新奇物体を探索していた時間が相対的に長いということを意味し，0.5よりも小さな値をとった場合には既知物体をより長く探索していたということを意味する．既知物体に対する馴化が生じているのであれば物体Aに対する探索行動は減るであろうし，新奇物体に対しては馴化が生じていない（馴化の刺激特異性）ので物体Bに対する探索行動はそれなりに観察できるはずである．したがって，テストフェーズの時点でラットが物体Aを覚えており，既知物体として新奇物体（物体B）と弁別が可能であるならば弁別指標は0.5よりも大きくなるはずである．動画解析により得られたデータからは，このラットが物体Aを記憶していたといえるであろうか．確認してほしい．

　物体再認課題においては，被験体に対して食餌や飲水を制限することはないため，自然に近い状況で被験体の行動を観察することができるという利点がある．しかし，その反面で個体間でのデータのばらつきが大きくなってしまう傾向がある．実験を立案する際にはこのような点を留意しておく必要があるだろう．

〔高橋良幸〕

文　献

1) Thompson, R. F. (2009). Habituation: A history. *Neurobiology of learning and memory*, **92**, 127-134.

2) Thompson, R. F. & Spencer, W. A. (1966). Habituation: A model phenomenon for the study of neuronal substrates of behavior. *Psychological review*, **73**, 16-43.

3) Rankin, C. H., Abrams, T., et al. (2009). Habituation revisited: An updated and revised description of the behavioral characteristics of habituation. *Neurobiology of learning and memory*, **92**, 135-138.

4) Kellman, P. J. & Spelke, E. S. (1983). Perception of partly occluded objects in infancy. *Cognitive psychology*, **15**, 483-524.

5) Kandel, E. R., Schwartz, J. H., et al. (eds.). (2013). *Principles of neural science*. 5th ed. McGraw-hill.（カンデル, E. R.（編）(2014). カンデル神経科学（第5版）　金澤一郎・宮下保司（監訳）メディカル・サイエンス・インターナショナル）

6) Groves, P. M. & Thompson, R. F. (1970). Habituation: A dual-process theory. *Psychological review*, **77**, 419-450.

7) Uribe-Bahamonde, Y. E., Jorquera, O. E., et al. (2021). SOP-habituation laboratory: An interactive tool for simulating the basic behavioral features of habituation. *Behavior Research Methods*, **53**, 1-7.

3章
古典的条件づけ

本章は，古典的条件づけについて基本的な事項を冒頭で確認し，その形成過程を，理論を通して実践的に学ぶ構成となっている．古典的条件づけについて既に授業や書籍で学んでいる場合は，3.3節のワークから読んでいただいて構わない．

3.1 古典的条件づけの概略

3.1.1 古典的条件づけとは

古典的条件づけ（classical conditioning）は，生理学者であるパブロフ（Pavlov, I. P.）が発見した条件反射[1]に代表される連合学習（associative learning）で，パブロフ型条件づけ（Pavlovian conditioning）とも呼ばれている．その定義は，条件刺激と無条件刺激を対提示（pairing）することで（条件刺激と無条件刺激の関係が学習され）条件刺激に対して条件反応が生じるようになるというものである．ただし，括弧内の記述は直接観察できないため推定である．また，この定義には「条件刺激と無条件刺激を対提示する」という手続きと「条件刺激に対して条件反応が生じるようになる」という現象が両方記述されていることに留意してほしい．

有名なパブロフの犬を例にこの手続きと現象の解説を行おう．まず，無条件刺激（unconditioned stimulus, US）とは生物学的に重要な刺激であり，食べ物や水，電気ショックなどが例に挙げられる．ここでは肉としておこう．次に，そのような重要な刺激が誘発する生得的な反応を無条件反応（unconditioned respons, UR）と呼ぶ．動物が肉を提示されると唾液の分泌などの反応が生じる．繰り返しになるが，肉によって唾液が分泌されるのは，生得的な反応である（図3.1 ①）．これに対し，メトロノームの音はそのような働きを持たない中性刺激（neutral stimulus）であるが，犬にメトロノームの音を聞かせてから肉を与える手続き，

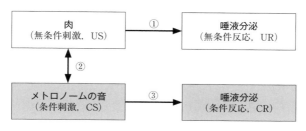

図 3.1 古典的条件づけの模式図

つまり肉との対提示を繰り返すことにより（図 3.1 ②），メトロノームの音が単独で提示された際にも唾液分泌が生じるようになる（図 3.1 ③）．この時，メトロノームの音を条件刺激（conditioned stimulus, CS）と呼び，メトロノームの音により生じる反応を条件反応（conditioned response, CR）と呼ぶ．ここで重要な点は，本来，特別な効果を持たない刺激が，反応を誘発させる刺激と時間的・空間的に接近して提示されることにより，その刺激と同様の反応を生じさせるようになるということである．

3.1.2 古典的条件づけの基本的な現象

獲得（acquisition）：CS と US の対提示を繰り返すと，CS に対する CR は徐々に強く，大きく，高確率で生じるようになる．

消去（extinction）：CS の単独提示を繰り返すことによって，CR は徐々に減少し，消失する．

その他，消去後に時間が経過すると反応が再び生じる自発的回復，急激な再獲得や，条件刺激との類似度により反応の強弱や有無が決定される般化と弁別，条件刺激の効果が別の条件刺激に波及する二次条件づけ，実際の US と対提示されていない CS に対しても条件づけが形成される感性予備条件づけ，ある条件刺激が条件反応の生起を減少・阻害させる現象である条件性制止など，さまざまな現象が存在するが，紙面の都合上，詳説は割愛する．

本章では，古典的条件づけが成立する過程を，手を動かして学んでもらうために，この獲得と消去が，どのように成立していくかについて，モデルの計算を通して学んでいく．

3.2　古典的条件づけの理論と現象

3.2.1　古典的な理論：頻度の原理

　この理論は，CS と US が対提示される回数が多いと連合が強い，つまり条件反応が大きいというものである．これは連合学習のもっとも古い原理の1つであり，我々の実感に沿うものであろう．広く受け入れられていた原理であるが，後に，この理論では説明できない現象が発見された．

3.2.2　頻度の原理では説明できない現象

　ブロッキング効果（阻止効果，blocking effect）とはケイミン（Kamin, L. J.）[2]が発見した現象である（表3.1）．ここで L は光 CS，T は音 CS とする．＋はUS（電気ショック）の提示を，＋なしは US 非提示を表す．たとえば，L＋は光CS と US の対提示を表し，LT＋は音 CS と光 CS の複合刺激を US と対提示する手続きである．表3.1の通り，ブロッキング群でのみ第1期で光と電気ショックの対提示を行い，第2期では両群ともに光と音の複合刺激と電気ショックを対提示する．その後，音に対して条件反応を測定すると，統制群では条件反応が出現するものの，ブロッキング群では出現しない．先の頻度の原理に基づけば，音CS と電気ショックの対提示回数は両群で同数であるため，音に対する条件反応も両群で同程度のはずである．この現象を説明することが可能なのが，レスコーラ・ワグナー（Rescorla-Wagner）モデル[3]である．

表 3.1　ブロッキングの手続きとその結果

群	第1期	第2期	テスト	結果
ブロッキング群	L＋	LT＋	T	CRなし
統制群	—	LT＋	T	CR出現

3.3　Rescorla–Wagner モデル

3.3.1　Rescorla-Wagner モデル（RW モデル）

以下のような式で表される*.

$$\Delta V_i = S_i \times (A_j - V_{sum})$$

ここで ΔV_i とは，ある条件づけ試行における，ある CS（i）の条件づけ強度の変化を表す．たとえば，ΔV_T は，ある試行での音 CS の条件づけの変化量を表す．次に，S_i とはある CS（i）の明瞭さ（saliency）を表し，0から1の間の値をとる．たとえば，S_L は光の明瞭さを意味する．A_j は，ある US（j）の強さを表す．ここでたとえば A_1 は1粒のエサを表し，その強さは100であるとしておこう．エサが提示されない場合は A_0 で強度は0である．最後に，V_{sum} は，試行で提示された全ての CS の条件づけ強度の和を表す．たとえば，ある試行で光 CS と音 CS が提示されたら，$V_{sum} = V_L + V_T$ となる．

このモデルのポイントは括弧内にある．$(A_j - V_{sum})$ を言葉で表現すると，実際に提示される US の強度 (A_j) から予期していた US (V_{sum}) の強度の差分を計算している．つまり，ここでは予測誤差が表現されているのだ．言い換えれば，驚きの程度が学習量に影響している．実際に提示される US よりも予期していた US の方が小さければ（エサが与えられると予期していなかったのに与えられた）括弧内は正の値をとり，逆の場合，つまり実際に提示される US よりも予期していた US の方が大きければ（エサが与えられると予期していたのに与えられなかった），負の値をとる．括弧の外側は，S_i，つまり CS の明瞭さによって学習の強度が変化するが，やはり重要なのは括弧内で，その値の正負により，学習の方向性が決定されるのだ．

3.3.2　獲得における RW モデル

実際に手を動かしながら，RW モデルの働きを学んでみよう．まず，光 CS と

＊：原文では $\Delta V_A = \alpha_A \beta_1 (\lambda_1 - V_{AX})$ と記されている（US_1 と $CS_A \cdot CS_X$ が対提示された場合の ΔV_A の式）．α および β はそれぞれ CS と US の明瞭性を表す．本章では解説を簡略化するために，US の明瞭性が一定であると仮定し β に相当するパラメータを省略し，CS の明瞭性を S_i と表記している．また，λ は本来，学習曲線の上限（漸近線）を表すが，この漸近線は US の強さによって決定されるため，解説の簡略化のために本章では US の強さとし，A_j と表記した．

エサ US を対提示する場面を考える．ここで，L とは光（light）のことを表し，エサが提示されることを A_1 と表現している．

$$\Delta V_L = S_L \times (A_1 - V_{sum})$$

a. 1 試 行 目

1 試行目開始時は，光が提示された際にエサが与えられるという予期がない状態である．開始時の条件づけ強度の和，V_{sum} は，今回 CS が光だけなので V_L と表してよく，その値は 0 となる．それではいよいよ光 CS とエサ US を対提示する実験の 1 試行目の計算を行ってみよう．なお，以下の穴埋め部分は，デジタル付録〈e〉3.1 として pdf ファイルがダウンロードできるようにした．

$$\Delta V_L = S_L \times (A_1 - V_{sum})$$
$$= 0.2 \times (100 - 0) = \underline{}$$
$$(S_L = 0.2 とする)$$

さて，無事に計算できただろうか．

ΔV_L は 20 となる．元々エサが与えられる予期は全くない状態だったが，光 CS とエサ US を対提示する手続きにより，条件づけの変化量は 20 となった．それでは試行終了時の条件づけ強度についても計算しておこう．

$$V_L = 0 + 20 = 20$$

ここでは，元々の学習量（0）と今回の学習量（20）の足し算を行っている．1 試行目終了時点で，光が提示された際にエサが与えられるという予期は 20 である（100 が最大値）．

b. 2 試 行 目

2 試行目についても同様に計算を行っていく．それぞれ代入するべき数値に気をつけつつ，計算をしてみよう．

$$\Delta V_L = S_L \times (A_1 - V_{sum})$$
$$= 0.2 \times (100 - \underline{}) = \underline{}$$

開始時の条件づけ強度の和，V_{sum}（V_L）は 1 試行目の学習により 20 であった．よって，$\Delta V_L = 0.2 \times (100 - \underline{20}) = 16$ となる．それでは終了時の条件づけ強度についても計算しておこう．

$$V_L = \underline{} + \underline{} = \underline{}$$

ここでは，元々の学習量（20）と今回の学習量（16）の足し算を行っている．2 試行目終了時点で，光が提示された際にエサが与えられるという予期は 36 である．

2試行目で注目するべき点が，1試行目のΔV_L（学習量）との違いである．1試行目では光CSとエサUSを対提示する手続きによる条件づけ強度の変化量は20であったが，2試行目でも同じ手続きをとったにもかかわらずその値は16に減少している．その理由は括弧内にある．1試行目ではV_{sum}が0であったため，括弧内は$100-0$で大きく学習が進んだが，2試行目では1試行目よりはUSについて予期がある状態なので，1試行目よりは学習が大きく進まなかった．つまり，1試行目よりも2試行目の方が驚きの程度が少なかったのである．

c. 3 試 行 目

3試行目についても同様に計算を行っていく．手を動かしながらモデルの振る舞いを学んでいこう．

$$\Delta V_L = S_L \times (A_1 - V_{sum})$$
$$= 0.2 \times (100 - \underline{\quad}) = \underline{\qquad}$$

$$V_L = \underline{\quad} + \underline{\quad} = \underline{\qquad}$$

開始時の条件づけ強度の和，V_{sum}（V_L）は2試行目の学習により36であった．よって，$\Delta V_L = 0.2 \times (100 - \underline{36}) = 12.8$となる．そして，終了時の条件づけ強度は，元々の学習量（36）と今回の学習量（12.8）の足し算を行う．3試行目終了時点で，光が提示された際にエサが与えられるという予期は48.8である．

d. 20 試 行 目

読者はこのまま4，5試行目と手計算または表計算ソフトを用いて計算を行っていただいて構わない．むしろ積極的に行ってほしいのだが，解説では間を省略し，このまま学習を続けていった場合，20試行目ではどうなるのかを以下に示す．まず，開始時の条件づけ強度の和，V_{sum}（V_L）は98.56である．

$$\Delta V_L = S_L \times (A_1 - V_{sum})$$
$$= 0.2 \times (100 - 98.56) = 0.29$$

そして，終了時の条件づけ強度は，$V_L = 98.56 + 0.29 = 98.85$である．1試行目では20だった学習量が，試行を経るにつれ減少していき，20試行目では0.29となっている．もはや被験体にとって，光の後にエサが与えられることは驚くべき事象ではないと言える．図3.2は，1〜20試行目までの条件づけ強度の推移を示している．この学習曲線を見ると，初めの方の試行では学習が大きく進み，試行を重ねるにつれその進み方が小さくなっていき，漸近値である100に近づいて

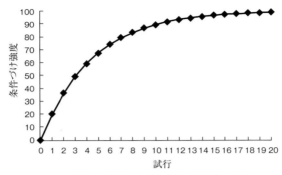

図3.2　獲得における条件づけ強度の推移

いくことが読み取れるだろう．なお，グラフについては〈e〉3.2として Excel
ファイルがダウンロードできるようにした．

e. 獲得における RW モデルのまとめ

ここで，最初の3試行の学習の変化量をまとめよう．

1試行目の変化量 = 0.2 ×（100 − 0）　= 20

2試行目の変化量 = 0.2 ×（100 − 20）= 16

3試行目の変化量 = 0.2 ×（100 − 36）= 12.8

ここでわかることが2つある．1つ目は，実際の US と予期していた US の誤
差が大きいほど学習は大きく進むこと，2つ目は，その学習の進み具合は，誤差
が小さくなるにつれて，小さくなっていくということである．つまり，RW モデ
ルによると，学習とは誤差修正であると言える．

3.3.3　消去における RW モデル

それでは，消去についても実際に手を動かしながら，RW モデルの働きを学ん
でみよう．先述のような学習が十分に行われた状態の被験体に，今度は光のみ提
示してエサは提示しない消去試行を行ってみよう．

a. 1 試 行 目

まず，獲得終了時，つまり消去開始時の V_{sum}（V_L）は 100 とする．光とエサ
の関係を完全に学習している状態である．また，消去では光のみが提示されるた
め，エサが提示されない状態を $A_0 = 0$ と表現する．

$$\Delta V_L = S_L \times (A_1 - V_{sum})$$
$$= 0.2 \times (\underline{} - \underline{}) = \underline{}$$

ここではエサが提示されないため，US，つまり A_0 の強さは 0 である．一方で，V_{sum}（V_L）は 100 である．そのため，括弧内の計算は 0 − 100，つまり，US が来るという強い予期があったのに，実際には US は出現しなかったことを表している．そこに S_L を乗算し，ΔV_L は −20 となる．終了時の条件づけ強度についても計算しておこう．

$$V_L = 100 + (-20) = 80$$

消去により，光が提示された時のエサが来るという予期が 20 減少したことを表す．

b. 2 試 行 目

それでは同じ要領で，2 試行目についても同様に計算を行っていく．それぞれ代入するべき数値に留意しつつ，計算をしてみよう．

$$\Delta V_L = S_L \times (A_0 - V_{sum})$$
$$= 0.2 \times (\underline{} - \underline{}) = \underline{}$$

$$V_L = \underline{} + \underline{} = \underline{}$$

開始時の条件づけ強度の和，V_{sum}（V_L）は 1 試行目の学習により 80 であった．よって，$\Delta V_L = 0.2 \times (0 - 80) = -16$ となる．試行終了時の条件づけ強度は，元々の学習量（80）と今回の学習量（−16）の足し算を行っている．2 試行目終了時点で，光が提示された際にエサが与えられるという予期は 64 である．

獲得と同様に，消去においても，2 試行目で注目するべき点は，1 試行目の ΔV_L（学習量）との違いにある．1 試行目の条件づけ強度の変化量は負の方向に 20 であったが，2 試行目ではその値は 16 に減少している．その理由はやはり括弧内にある．2 試行目では 1 試行目よりは US についての予期が減少しているので，1 試行目よりは予期が大きく減少しなかった．つまり，獲得時と同様に，1 試行目よりも 2 試行目の方が驚きの程度が少なかったのである．

c. 3 試 行 目

3 試行目についても同様に計算を行い，手を動かしながらモデルの振る舞いを学んでいこう．

$$\Delta V_L = S_L \times (A_0 - V_{sum})$$
$$= 0.2 \times (\ \_\!-\!\_\ ) = \_\_\_\_\_$$

$$V_L = \_ + \_ = \_\_\_\_\_$$

　開始時の条件づけ強度の和，V_{sum}（V_L）は 2 試行目の学習により 64 であった．よって，$\Delta V_L = 0.2 \times (0-64) = -12.8$ となる．そして，試行終了時の条件づけ強度は，元々の学習量（64）と今回の学習量（-12.8）の足し算を行う．3 試行目終了時点で，光が提示された際にエサが与えられるという予期は 51.2 である．

d.　20 試 行 目

　ここでも解説では間を省略し，このまま学習を続けていった場合，20 試行目ではどうなるのか以下に示す．まず，開始時の条件づけ強度の和，V_{sum}（V_L）は 1.44 である．

$$\Delta V_L = S_L \times (A_0 - V_{sum})$$
$$= 0.2 \times (0 - 1.44) = -0.29$$

　そして，試行終了時の条件づけ強度は，$V_L = 1.44 + (-0.29) = 1.15$ である．1 試行目では -20 だった学習量が，試行を経るにつれ減少していき，20 試行目では -0.29 となっている．光とエサの関係を十分に学習した被験体にとって，光の後にエサが与えられないことは，最初は驚くべき事象であったが，その予測誤差は試行を経るごとに減少していったことがわかる．図 3.3 は，1 試行目から 20 試行目までの条件づけ強度の推移を示している．獲得と同様，初めの方の試行では学習が大きく進み，試行を重ねるにつれその進み方が小さくなっていくことが

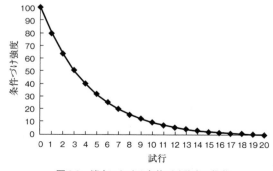

図 3.3　消去における条件づけ強度の推移

読み取れるだろう.

e. 消去における RW モデルのまとめ

ここで, 最初の3試行の学習の変化量をまとめよう.

1試行目の変化量 = $0.2 \times (0 - 100) = -20$

2試行目の変化量 = $0.2 \times (0 - 80) = -16$

3試行目の変化量 = $0.2 \times (0 - 64) = -12.8$

獲得と同様に消去においても, 実際の US と予期していた US の誤差が大きいほど学習は大きく進むこと, その学習の進み具合は, 誤差が小さくなるにつれて, 小さくなっていくということがわかるだろう.

3.3.4 RW モデルによるブロッキング効果の説明

それでは, 先述のブロッキング効果 (3.2.2項) が生じる理由を RW モデルから考えてみよう.

ブロッキング群では第1期で十分に光と電気ショックの対提示を受けるので, 第1期の終わりの V_L を 100 とする. 第2期では光と音の複合刺激と電気ショックの対提示を受ける. V_{sum} は, 試行で提示されたすべての CS の条件づけ強度の和を表すため, 第2期第1試行開始時の V_{sum} は, $V_L + V_T = 100 + 0 = 100$ となる. 各 CS の変化量は別々に計算するため, 第1試行は以下のような式となる.

$$\Delta V_L = S_L \times (A_1 - V_{sum})$$
$$= 0.2 \times (100 - 100) = 0$$
$$\Delta V_T = S_T \times (A_1 - V_{sum})$$
$$= 0.2 \times (100 - 100) = 0$$

よって, 終了時の V_L は, $100 + 0 = 100$, V_T は $0 + 0 = 0$ となる. まずここで注目すべき点は, V_L, V_T の変化量についてである. V_{sum} が 100 であるため, どちらの CS についても学習は一切変化しない. これは, 第1期で光が電気ショックを完全に予期しているからである. そのため, 終了時の V_L は, 試行前の 100 から変化せず, V_T についても試行前の 0 から変化しない. つまり, 光によって電気ショックを完全に予期できるのだから, 第2期で光と電気ショックに加えて音が提示されても, 音に対する学習は進まない. 言い換えれば, 音は余分な刺激なのである. そのため, 第2期で条件づけ試行を行ったとしても, ブロッキング群では音に対する条件反応はほとんど生じない. 一見, 不可解な現象であっても,

RWモデルは予測誤差と条件づけ強度の和のアイデアによって，現象を説明することができる．

3.3.5　RWモデルによる隠蔽の説明

隠蔽（overshadowing）とは，2つ以上の条件刺激を一度に与え古典的条件づけを行った場合には，条件刺激を1つだけ用いて条件づけを行った場合よりも，それぞれの条件刺激に対する条件反応が弱くなる現象である．ここでは，無条件刺激として電気ショックを，条件刺激として光（L）と大きな音量のノイズ（N）を用いたとしよう．表3.2のように，統制群では光と電気ショックが，実験群では光とノイズの複合刺激と電気ショックが対提示される．その後，両群に対して光を提示すると，統制群では条件反応が生じる一方，隠蔽群では弱い条件反応が生じる結果となる．

これについてもRWモデルがその様相を見事に記述する．隠蔽群の条件づけ第1試行について計算してみよう．ただし，条件刺激の明瞭さは，S_L は 0.2，S_N は大きなノイズであることを鑑み 0.5 とする．

$$\text{開始時：} V_{sum} = V_L + V_N = \underline{\ \ } + \underline{\ \ } = \underline{\qquad}$$

$$\Delta V_L = S_L \times (A_1 - V_{sum}) = \underline{\ \ } \times (\ \underline{\ \ } - \underline{\ \ }\ ) = \underline{\qquad}$$
$$\Delta V_N = S_N \times (A_1 - V_{sum}) = \underline{\ \ } \times (\ \underline{\ \ } - \underline{\ \ }\ ) = \underline{\qquad}$$

$$\text{終了時：} V_L = \underline{\ \ } + \underline{\ \ } = \underline{\qquad} \qquad V_N = \underline{\ \ } + \underline{\ \ } = \underline{\qquad}$$

計算できただろうか．まず，開始時の V_{sum} は，$V_L + V_N = 0 + 0 = 0$ である．次に，ΔV_L の式，$S_L \times (A_1 - V_{sum}) = 0.2 \times (100 - 0) = 20$ についても，獲得の第1試行と全く同様の計算であるので容易であっただろう．一方，ΔV_N についてはどうだろうか．$S_N \times (A_1 - V_{sum}) = 0.5 \times (100 - 0) = 50$ となるはずだ．よって，終了時の条件づけ強度はそれぞれ，$V_L = 0 + 20 = 20$，$V_N = 0 + 50 = 50$ となる．

表 3.2　隠蔽の手続きとその結果

群	条件づけ	テスト	結果
隠蔽群	LN +	L	弱いCR
統制群	L +	L	CR

隠蔽群では，光も大きなノイズも電気ショックとの対提示の条件は同じだった
のにもかかわらず，学習の変化量が大きく異なっていた．ここでポイントとなっ
たのは S_i，条件刺激の明瞭さである．

a. 第 2 試 行

それでは第2試行についても計算を行ってみよう．

$$開始時：V_{sum} = V_L + V_N = \underline{\quad} + \underline{\quad} = \underline{\qquad}$$

$$\Delta V_L = S_L \times (A_1 - V_{sum}) = \underline{\quad} \times (\underline{\quad} - \underline{\quad}) = \underline{\qquad}$$
$$\Delta V_N = S_N \times (A_1 - V_{sum}) = \underline{\quad} \times (\underline{\quad} - \underline{\quad}) = \underline{\qquad}$$

$$終了時：V_L = \underline{\quad} + \underline{\quad} = \underline{\qquad} \qquad V_N = \underline{\quad} + \underline{\quad} = \underline{\qquad}$$

それでは解説を行おう．まず，開始時の V_{sum} は，$V_L + V_N = 20 + 50 = 70$ であ
る．次に，ΔV_L は，$S_L \times (A_1 - V_{sum}) = 0.2 \times (100 - 70) = 6$ となる．通常の獲
得試行との変化量の違いに注目してほしい．ΔV_N は，$S_N \times (A_1 - V_{sum}) = 0.5 \times$
$(100 - 70) = 15$ となる．よって，終了時の条件づけ強度はそれぞれ，$V_L = 20 +$
$6 = 26$，$V_N = 50 + 15 = 65$ となる．

この第2試行が終わった時点で，隠蔽群の光が電気ショックを予期する程度は
26，大きなノイズが電気ショックを予期する程度は65である．統制群の光が電
気ショックを予期する程度は36（通常の獲得試行の計算）であるため，隠蔽群
の光が電気ショックを予期する程度，つまり条件反応が小さいことが見て取れる
だろう．隠蔽群では，光よりも大きなノイズの方が，明瞭さが高い，言い換えれ
ば目立つ刺激なので，光よりも電気ショックを予期しやすい．そのため，目立た
ない刺激である光の学習は統制群よりも小さくなるのである．

3.3.6 RW モデルが発見した現象

さて，優れた理論の特徴として，既知の現象を説明できるほかに，理論の予測
のもと，新たな現象を発見できるというものがあるだろう．ここでは，そのよう
な現象の1つである過剰予期効果（overexpectation effect）について解説と計算
を行っていく．

過剰予期効果とは，2つの条件刺激に対して，個別に十分な条件反応が生じる
ようになった後で，2つの条件刺激を一緒にして無条件刺激との対提示を繰り返

表 3.3　過剰予期効果の手続きとその結果

群	第1期	第2期	テスト	結果
実験群	L＋・T＋	LT＋	L・T	弱いCR
統制群	L＋・T＋	―	L・T	CR

すと，各条件刺激に対する条件反応が弱くなる現象である．ここでは，条件刺激
として光と音，無条件刺激としてエサが与えられるとしよう（表3.3）．両群とも
に，第1期では光と音が，別々にエサと対提示される．それが十分に学習された
後，実験群では第2期に，光と音の複合刺激とエサの対提示を受ける．その後，
テストでは光と音それぞれに対して条件反応の程度を測定すると，統制群と比較
して，実験群の条件反応は弱いものとなる．直感的には，なぜこのような現象が
生じるのか理解しづらいだろう．

　それでは計算を行ってみよう．まず第1期は，光と音それぞれが，ある程度十
分にエサと対提示されたと仮定して，第1期の終わりの V_L および V_T は共に 90
だとしておこう．また，無条件刺激として1粒のエサが与えられるため，$A_1 =$
100 とする．各 S_i は 0.2 とする．それでは，実験群の第2期第1試行について計
算を行ってみてほしい．

$$開始時：V_{sum} = V_L + V_T = \underline{\ \ } + \underline{\ \ } = \underline{\ \ \ \ \ \ }$$

$$\Delta V_L = S_L \times (A_1 - V_{sum}) = \underline{\ \ } \times (\ \underline{\ \ } - \underline{\ \ }\ ) = \underline{\ \ \ \ \ \ }$$
$$\Delta V_T = S_T \times (A_1 - V_{sum}) = \underline{\ \ } \times (\ \underline{\ \ } - \underline{\ \ }\ ) = \underline{\ \ \ \ \ \ }$$

$$終了時：V_L = \underline{\ \ } + \underline{\ \ } = \underline{\ \ \ \ \ \ } \qquad V_T = \underline{\ \ } + \underline{\ \ } = \underline{\ \ \ \ \ \ }$$

　新しい現象ではあるが，今までのモデルの挙動を手作業で追っていたならば容
易に計算が可能だっただろう．まず，開始時の V_{sum} は，$V_L + V_T = 90 + 90 = 180$
である．次に，V_L および V_T の計算であるが，共に，$0.2 \times (100 - 180) = -16$ と
なる．よって終了時の V_L は $90 + (-16) = 74$，VT は $90 + (-16) = 74$ となる．

　この試行で何が起きたのかを順を追って解説する．まず，開始時の V_{sum} は，
180 となっていた．これは，各 CS の予期を加算したことにより，大きな US の
予期が生じていることになる．しかし，実際に与えられるエサは1粒分，強度に
して 100 であり，これは V_{sum} よりも小さな値である．そのため，$(A_1 - V_{sum})$，
ひいては ΔV_L および ΔV_L も負の値となる．これは，予期していた US よりも実

際に与えられた US が小さかったため，条件反応の程度が小さくなったことを意味している．

　まだ理解が追いつかないという読者のために，卑近な例ではあるがこの現象の解説を試みよう．たとえば，遠方に住んでいる祖父（CS1）か祖母（CS2）が家に遊びに来ると，いつもお小遣いとして 1000 円（US）くれるとしよう（第 1 期の L・T +）．しかしある時，祖父と祖母が一緒に家にやってきた（実験群の第 2 期 LT +）．それぞれ 1000 円くれる祖父と祖母が一緒に来たのだから，1800 円くらいもらえると思っていたが，実際にもらえたお小遣いは 1000 円でがっかりした．このがっかり感が，CS が予想する US の程度が 90 から 74 へ下がった現象である．

3.3.7　RW モデルで説明できない現象

　さて，ここまで RW モデルが既知の現象をことごとく説明し，未知の現象まで予測する様をご覧に入れたが，どのような優れたモデルでも，説明できない現象は少なからず存在する．その 1 つが，潜在制止（latent inhibition），またの名を CS 先行提示効果（CS preexposure effect）である．

　表 3.4 が実験の手続きとその結果である．まず第 1 期では，実験群のみ条件刺激である光を単独提示する．その後，第 2 期では両群ともに CS と US の対提示を行う．その結果，実験群では統制群に比べて学習が遅れてしまう．

　この現象について，RW モデルに沿って計算を試みる．まず，実験群の第 1 期第 1 試行開始時の V_{sum} は，$V_L = 0$ である．光の単独提示を行った実験群の第 1 期第 1 試行の計算をしてみよう．

$$\Delta V_L = S_L \times (A_0 - V_{sum})$$
$$= 0.2 \times (\underline{} - \underline{}) = \underline{}$$

$$\text{終了時：} V_L = \underline{} + \underline{} = \underline{}$$

　答えは，$\Delta V_L = 0.2 \times (0 - 0) = 0$，終了時の V_L は $0 + 0 = 0$ である．モデル上は，実験群の第 1 期は何もしていない統制群と同様の状態となった．しかし，この第 1 期で何かが生じていないと，最終的な学習の遅れの説明がつかない．RW モデルは予期していた US と実際に与えられた US の予測誤差によって学習が生じるモデルなので，ただ光が提示されるといった何の驚きもない手続きによ

表 3.4　潜在制止の手続きとその結果

群	第1期	第2期	テスト	結果
実験群	L	L +	L	学習が遅い
統制群	—	L +	L	学習が早い

って何か学習が生じたと見なすことができないのである.

3.3.8　ま　　と　　め

　優れた理論の特徴は，既知の現象が説明可能なことに加え，その予測により新しい理論が発見されると述べた．しかし，優れた理論でも説明できない現象は存在する．ここで紹介した RW モデルは US の有効性を重視する理論であったため，潜在制止のような，CS の有効性が変動する現象は説明できなかった．しかし，CS の有効性を重視する理論では潜在制止が説明可能である．たとえば，マッキントッシュ（Mackintosh, N. J.）の注意理論では，光のみが単独提示された場合，被験体は光に注意を払わなくなる，つまり光の有効性が低下することにより，その後 US と対提示されたとしても学習が遅くなると説明できる．このように，理論が重視するポイントによって説明可能な現象が異なっており，すべての現象を説明できる理論は存在しない．また，紙面の都合上，紹介できなかった理論は他にも多く存在する．ただしそのいずれも，行動の変容過程をモデルに落とし込み，その振る舞いを精緻に表現している．本章を通して，ヒトやその他の動物の行動が刺激提示により変容する過程を，実感を持って学習できたのなら幸いである．

〔福田実奈〕

文　献

1) Pavlov, I. P.（1927）. *Conditioned reflexes: An investigation of the physiological activity of the cerebral cortex*（G. V. Anrep, Trans.）. Oxford University Press.

2) Kamin, L. J.（1968）. Attention-like processes in classical conditioning. In M. R. Jones（ed.）, *Miami Symposium On the Prediction of Behavior: Aversive Stimulation*. Coral Gables, FL: University of Miami Press. pp. 9-32.

3) Rescorla, R. A. & Wagner, A. R.（1972）. A theory of Pavlovian conditioning: Variations in the effectiveness of reinforcement and nonreinforcement, In A. H. Black & W. F. Prokasy, eds., *Classical Conditioning* II, Appleton-Century-Crofts. pp. 64-99.

4章
道具的条件づけ

4.1 道具的条件づけとは何か

　「雨雲が出ると雨が降る」というのは，環境の中にある刺激と刺激（出来事と出来事）の関係性の記述である．3章で学んだように，こうした環境内の刺激と刺激の関係を学習するのが古典的条件づけであった．一方で，「雨が降る」という直近の予測を行うことができるだけでは我々の日常生活においては不十分であり，「濡れないためになにかしらの行動を取る」ということも重要である．「傘をさせば濡れない」「急いで帰れば濡れない」「雨宿りすれば濡れない」のように，「どういう行動を取ればどうなるか」，つまり「自らの行動とその結果の関係性」を学習することは，きわめて重要な意義を持つ．ここでの「自らの行動」とは，雨の例からもわかるように，人間や動物の随意的な行動，身体全体を使って行うようないわゆる「行動」を指す．こうした，人間や動物の随意的な行動が，その結果によって変容する現象および手続きを道具的条件づけ（instrumental conditioning）と呼ぶ．

4.2 ソーンダイクによる試行錯誤学習研究と効果の法則

　現在我々が道具的条件づけと呼ぶ現象の実質的な発見を行ったのが，心理学者であり教育学者でもあるエドワード・ソーンダイク（Thorndike, E. L.）である．ソーンダイクは，問題箱（puzzle box; 図 4.1）と呼ばれる実験機材を用いて，動物が問題を解決する様子を研究した[1]．ソーンダイクは，空腹な状態においたネコを問題箱に入れ，問題箱の外にエサを置いたうえで，ネコが問題箱から脱出するまでにかかった時間を測定した．箱の中にはさまざまな仕掛けが設置され，「床のペダルを踏む」「紐を引っ張る」などいろいろな仕掛けのなかから適切な行動

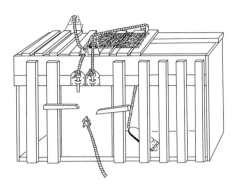

図 4.1　ソーンダイクが用いた問題箱の一例（文献 1 より作成）

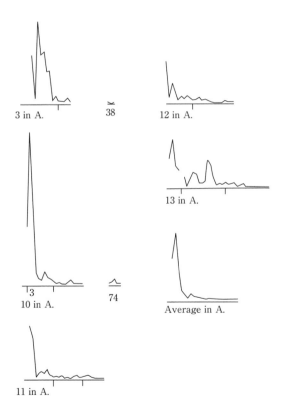

図 4.2　ソーンダイクが行った問題箱実験の結果の例

「3 in A」は「3 番のネコを問題箱 A で実験した結果」であることを示す．横軸につけられている垂直線は
試行間に 24 時間が経過していることを示し，数字はそれぞれ 3 日, 38 日, 74 日が経過していることを示す.

を行うと扉が開く仕組みになっていた．代表的な結果を図 4.2 に示す．横軸が訓練の試行数，縦軸が脱出までにかかった時間を示している．

　図 4.2 を見るとわかるように，どの個体についても，訓練初期には脱出までに時間がかかっているが，訓練が進むにつれて脱出までの時間が短くなっている．この結果からソーンダイクは，「ネコは問題箱の構造を理解して洞察によって問題を解くのではなく，試行錯誤によってどの反応が正解なのかを経験を通じて学習する」という結論を導いた．

　こうした学習はどのようなメカニズムによって支えられているのだろうか．問題箱という環境の中でネコが行う行動のなかには，問題箱からの脱出という観点からみて正解の反応（正反応）もあれば，不正解の反応（誤反応）もある．正反応が表出されると，ネコは問題箱から脱出することができるが，そうでない場合には環境は何も変わらず，エサにありつくことはできない．ソーンダイクは，ネコを含め動物が行動したあとに動物にとって満足をもたらすような結果が生じた場合には，その直前の行動が増加し，そうでない場合にはその行動が減少すると考えた．このように，行動の結果によってその直前の行動の生起頻度が変化するという傾向を効果の法則（law of effect）と呼ぶ．

　このように，人間や動物の行動にはさまざまな結果が伴い，その結果によって直前の行動が変化する．行動に随伴することで直前の行動を変化させるような結果のことを強化子（reinforcer），あるいは正の強化子（positive reinforcer）と呼ぶ．また，強化子の存在によって直前の行動が変化することを強化（reinforcement）と呼ぶが，行動が増えることを強化，減ることを弱化と呼んで区別することもある．もしなにかしらの結果が生じることで弱化が起こる場合には，その結果のことを弱化子，罰子（punisher），あるいは負の強化子（negative reinforcer）と呼ぶ．

　効果の法則は，なにもネコのような動物にのみ適用できるものではなく，我々人間においても同様に成り立つ．たとえば，教室で講義を受けている最中に，あなたが挙手して質問をするという行動を取ったとしよう．すると先生が，「よい質問だ，よく勉強している」と褒めてくれたとする．こうした賞賛が，その直前の行動である「挙手・質問」という行動を生起しやすくすることがある．一方で，講義の最中に私語をしていると，先生から注意や叱責があるかもしれない．すると，それ以降は教室で私語をするという行動が生起しにくくなるだろう．このよ

うに，「よい結果」は直前の行動を増加（強化）させ，「よくない結果」は直前の行動を減少（弱化）させる．これもまた，効果の法則の範囲内である．

　問題箱の中に入れられたネコは，なにかしらの行動を取ることで問題箱から脱出してエサを得ていた．これは，「環境（問題箱）→行動（正反応）→結果（脱出・エサ）」という時間的な流れで捉えることができる．なぜ問題箱のネコは，この一連の流れを経験することで特定の行動（正反応）を増加させたのかについて，ソーンダイクは効果の法則に基づいて「環境と行動のあいだの結びつきを結果が強化する」と考えた．このように，刺激（stimulus）と反応（response）のあいだに結びつきが形成されることで，その刺激を経験すると特定の反応が喚起されるようになるという考え方を，S-R連合説と呼ぶ．

4.3　スキナーによる行動分析学の出発

　ソーンダイクの問題箱実験は，「人間や動物の随意的な行動はその結果によって変化する」ということを示している．この結果を踏まえながら，学習心理学という枠に収まらない一大学問体系を打ち立てたのがバラス・スキナー（Skinner, B. F.）である．スキナーは，徹底的行動主義（radical behaviorism）[2]と呼ばれる行動の哲学を考案し，これに基づいて行動分析学（behavior analysis）という学問体系を作り上げた．

　スキナーは，人間や動物の行動を大きく2つに分類した．イヌをはじめとして多くの動物は食物を食べると唾液分泌を起こすが，これは3章で学んだ古典的条件づけの枠組みでいうと，無条件刺激に対する無条件反応である．ここでの無条件反応は，無条件刺激によって誘発された反応である．スキナーは，このように刺激によって誘発される，非随意的な反応や行動のことをレスポンデント行動（respondent behavior）と呼び，レスポンデント行動に関する学習をレスポンデント条件づけ（respondent conditioning）と呼んだ．

　一方で，日常的な行動の多くは，刺激によって誘発されたものというよりも，人間や動物によって自発された行動であるといえる．スキナーは，人間や動物が自発する，随意的な行動をオペラント行動（operant behavior）と呼び，オペラント行動に関する学習をオペラント条件づけ（operant conditioning）と呼んだ．

　レスポンデント条件づけとオペラント条件づけは，スキナーが考案した用語で

あり，行動分析学という学問体系のなかで用いられるものである．一方で，古典的条件づけや，この章のタイトルにもついている道具的条件づけは，学習心理学のなかで用いられる用語であり，厳密には「レスポンデント条件づけ＝古典的条件づけ」「オペラント条件づけ＝道具的条件づけ」ではない．こうした区別は重要なものではあるが，この区別が問題となる領域は本書の範囲を超えていることもあり，本書では特に区別を行わずに「道具的条件づけ」という用語で議論を進めていくこととする．

　スキナーは，さまざまな紆余曲折や工夫を経て，自らオペラントチャンバー（オペラント実験箱，スキナー箱）と呼ばれる実験箱を考案して研究を行った[3]．ラットを対象とする一般的なオペラントチャンバーには，光や音を刺激として提示できるライトやスピーカーに加えて，強化子としてエサを提示するエサ皿と電撃を提示するためのグリッド床，ラットが反応するためのレバーが設置されている（図 4.3）．後述するように，スキナー以降多くの研究者たちは，光や音といった刺激とレバー押しという道具的行動，およびその結果としてのエサや電撃といった強化子（弱化子）のあいだの関係を研究することで，環境と行動の相互作用，環境と行動の関数関係を明らかにしていった．

図 4.3　ラット用のオペラントチャンバー

4.4　反　応　形　成

　道具的条件づけ（あるいはオペラント条件づけ）は，人間や動物の随意的な行動に関する学習である．いかなる行動でも学習させられるわけではないが，道具的条件づけによって獲得・変容する行動はきわめて多岐にわたる．人間や動物が生得的に持っているわけではない行動を学習させるために用いられるのが，反応形成（shaping）と呼ばれる方法である．

　レバーとエサの提示口がついたオペラントチャンバーを用いて，ラットにレバーを押すという行動（デジタル付録〈e〉4.1）を学習させることを考えてみよう．ラットにとって，レバー押しは生得的に持っている行動ではないため，「レバーを押せばエサが与えられる」という状況を作っただけでは，ラットはなかなかレバーを押してはくれない．そこでまず，「強化子を受け取る訓練」から始めることが一般的である．強化子の提示に使う装置をマガジンと呼ぶことから，これをマガジン訓練（magazine training）と呼ぶ．マガジン訓練を行うことで，ラットはどうやって強化子を得るのかを学習するだけでなく，「マガジン作動音」と「エサ」の対提示という古典的条件づけを経験することで，「マガジン作動音」が「エサ」の代理として強化効果を獲得する．エサや水のように生得的に強化子として機能するものを一次強化子（primary reinforcer）と呼ぶのに対して，一次強化子と対提示されることによって強化力を獲得したものを条件性強化子（conditioned reinforcer），あるいは二次強化子（secondary reinforcer）と呼ぶ．

　マガジン訓練が終了すると，まずラットに対して「レバーの方を向いたらエサを提示する」という訓練を行う．この手続きを導入すると，ラットは徐々にレバーの方を向く行動が増加する．そこで今度は，レバーの方を向くだけではエサを与えず，「レバーの方に移動したらエサを提示する」という訓練を行い，エサを与える基準を徐々に厳しくしてレバーにより近づけばエサを提示するようにしていく．十分にレバーに近づくと，今度は「立ち上がってレバーに触れたらエサを提示する」という訓練を行い，最終的に「レバーを押せばエサを与える」という状況を作り出す．これが反応形成の典型的な手続きであり，要約すると，①最終的に形成したい行動に近い行動が生起したら強化する，②強化基準を少しずつ変化させて最終的に形成したい行動に近づける，③人間や動物が示す行動・反応の

一部に強化子を随伴させ，それ以外には強化子を随伴させない，という段階に分けることができる．こうした反応形成の方法は，ラットにレバー押しを訓練するだけでなく，教育場面や臨床場面でも幅広く利用されている．

4.5 三項随伴性

古典的条件づけにおいては，条件刺激（CS）と無条件刺激（US）のあいだの関係性を分析することで，条件反応（CR）の種類や強度を説明・予測することができた．これは，イヌが唾液を出そうが出すまいがエサが来るかどうかは変わらないように，人間や動物が行動しようがしまいがCSとUSのあいだの関係が基本的には変化しないという手続き的特徴による．一方で，道具的条件づけでは状況が異なっており，オペラントチャンバーのラットはレバーを押せばエサを得ることができるが，レバーを押さなければエサを得ることはできない．つまり，人間や動物の行動を含めた分析の枠組みが必要となる．そこで導入されるのが，三項随伴性（three-term contingency）と呼ばれる環境刺激（弁別刺激），行動，結果（あるいは結果事象）という3つの要素のあいだの関係性である．

日常生活での例で考えてみよう．たとえば，授業中に挙手して質問すれば，先生から褒めてもらえるとする．一方で，授業中にふざけて冗談を言ったりすれば，先生から怒られるだろう．しかし，宴会の場であればふざけて冗談を言っても友人に笑ってもらえるかもしれない．ここでは，「授業中」という同じ環境刺激であっても行動によっては同じ結果が生じるわけではないこと，また「冗談を言う」という同じ行動であっても状況によっては同じ結果をもたらすわけではない．このように，「環境と行動」だけでも「行動と結果」だけでも不十分で，環境・行動・結果という3つの要素すべてをあわせて考えることが重要であることがわかるだろう．

より統制された実験場面として，「オペラントチャンバーの中でレバーを押すラット」の例を考えてみよう．今回は，「オペラントチャンバー内のライトが点灯しているときにレバーを押すとエサが与えられるが，ライトが消えているときにはエサが与えられない」という状況を考える．すると，最終的にラットはライト点灯時にはレバーを押し，そうでないときにはレバーを押さなくなる．この状況は，「オペラントチャンバーという環境刺激のもとでレバー押しという行動に

はなんの結果事象も随伴しない」が，「ライト点灯という環境刺激のもとでのレバー押し行動にはエサが随伴する」というように記述することができる.

「環境刺激」といったときには，通常は人間や動物を取り巻く環境全体を指す. 一方で，オペラントチャンバー内でライト点灯時にレバーを押すラットの例を改めて考えてみると，ラットは最初は「オペラントチャンバー内でレバーを押す」という反応形成の訓練からスタートする. 十分にレバー押し行動が獲得されたのちに，ライト点灯時のみエサが与えられるという状況に移行するが，当初はライトが点灯していようがいまいがラットはレバーを押してしまう. ライトが消えているときにはエサがもらえないという経験をすることで，最終的にはライト点灯時のみレバーを押すようになるわけである. このように，異なる状況に対して異なる行動を行えるようになることを弁別学習（discrimination learning）と呼び，異なる行動を制御する手がかりのことを弁別刺激（discriminative stimulus）と呼ぶ.

なお，ライトの点灯・消灯という物理的な環境の変化があっても，ラットの行動がそれによって制御されていなければ，ライトの点灯は弁別刺激とは呼ばれない. 授業中に挙手して質問する例でも，「授業中」という環境刺激が弁別刺激として機能しているかどうかは，授業中であるかどうかによって人間の行動傾向が変化するかによって決まる. 重要なのは物理的に何かの刺激が存在するかどうかではなく，それによって行動が変化するか，行動を制御しているかどうかである.

4.6　強化のマトリクス

三項随伴性のなかで，行動を増加させたり減少させたりするのに重要な役割を果たすのが結果事象である. 行動の増加・減少と結果事象との関係をまとめた強化のマトリクスと呼ばれるものを図4.4に示す[4].

行動のあとに環境内に刺激が出現し，それによって直前の行動が増加する手続きのことを正の強化（positive reinforcement）あるいは提示型強化と呼ぶ. これは，「レバーを押せばエサが与えられ，レバー押しが増加する」というような事態を指しており，いわば最も基本的な強化手続きに対応する. また，行動のあとに環境内に刺激が出現し，それによって直前の行動が減少する手続きのことを正の罰（positive punishment）あるいは提示型罰と呼ぶ. 罰の代わりに弱化と

図 4.4 強化のマトリクス

いう言葉を使い，正の弱化あるいは提示型弱化とも呼ばれ，「レバーを押せば電撃が与えられ，レバー押しが減少する」というような，罰・弱化の事態がこれに相当する．

　行動のあとに環境内に刺激が消失し，それによって直前の行動が増加する手続きのことを負の強化（negative reinforcement）あるいは除去型強化と呼ぶ．「レバーを押せば電撃が停止し，レバー押しが増加する」という事態に対応し，日常例でいうと「雨が降っているときに傘をさすと雨に濡れなくなり，傘をさす行動が増加する」といった場面に相当する．行動のあとに環境内に刺激が消失し，それによって直前の行動が減少する手続きのことを負の罰（negative punishment）あるいは除去型罰と呼ぶ．罰の代わりに弱化という言葉を用いて負の弱化・除去型弱化とも呼ばれる．「レバーを押すとエサがもらえなくなり，レバー押しが増加する」という事態に対応し，日常例でいうと「楽しい飲み会の最中に冗談を言ったら静かになってしまい，冗談を言わなくなる」といった状況である．「負」という言葉は環境から刺激が消失することに対応するが，「除去型」という言葉に置き換えようという流れもある．ただ英語論文などでは "negative" という単語が用いられていることもあり，両方の言葉を理解しておくことが望ましい．

　強化のマトリクスで重要なことは，「快・不快といった主観的な表現が出てこない」ということである．正の強化は「快刺激が提示されることで行動が増加すること」，正の罰は「不快刺激が提示されることで行動が減少すること」と言いたくなるが，これは正確ではない．その刺激が快であるか不快であるかは，その刺激を経験する人間や動物にしかわからないことであり，刺激そのものの属性ではない．「雨に濡れる」というのが不快な人もいれば，心地よく感じる人もいる

だろう．同じ人であっても，雨に濡れることが心地よいときもあれば不快なとき
もあるだろう．人によって異なる，また動物については推測すら難しいような「快・
不快」ではなく，客観的に測定できる行動の増加・減少と客観的に観察できる刺
激の出現・消失によって状況を記述するというのが，強化のマトリクスのエッセ
ンスである．

4.7　強化スケジュール

　道具的条件づけ研究では，「決められた行動が行われるごとに毎回必ず強化子
（弱化子）を提示する」という手続きだけが用いられるわけではない．我々の日
常を振り返ってみても，授業中に挙手すれば必ず褒められるわけではないように，
行動に対して強化子や弱化子のような結果事象が随伴するかどうかにはさまざま
なルールがある．どの行動にどういう基準で強化子（弱化子）を提示するかを定
めたルールのことを，道具的条件づけ研究では強化スケジュール（schedule of
reinforcement）と呼ぶ．強化スケジュールには膨大な種類があるが[5]，ここで
は代表的なものを紹介する．

　もっとも単純な強化スケジュールが連続強化（全強化）スケジュール（conti-
nuous reinforcement schedule, CRF）である．連続強化スケジュールでは，レ
バー押しならレバー押し，ボタン押しならボタン押しといった決められた行動が
生起すると毎回強化子（弱化子）が提示される．

　一方で，我々の日常生活を振り返ってみると，すべての行動に毎回強化子や弱
化子が提示されるわけではない．このように，すべての行動が強化されるわけで
はなく，定められた基準を満たしたときのみ強化されるスケジュールを部分強化
スケジュール（partial reinforcement schedule）と呼ぶ．部分強化スケジュール
において，行動が強化される基準はさまざまである．なかでも特に行動が生起す
る時間を基準にしたものを間隔（時隔）スケジュール（interval schedule），行
動の回数を基準にしたものを比率スケジュール（ratio schedule）と呼ぶ．

　間隔スケジュールでは，所定の時間が経過したかによって行動に対して強化子
が提示されるかどうかが決まる．この時間間隔が固定されており，毎回同じ時間
が経過してから最初の行動が強化されるスケジュールを固定間隔（fixed
interval, FI）スケジュールと呼ぶ．FIスケジュールでは，固定された時間間隔

が経過してから最初の行動に対して強化が与えられる．たとえば10秒経過してから最初の行動が強化されるなら FI 10秒，5分であれば FI 5分のように表記される．これに対して，強化が与えられるまでの時間間隔が変動するようなスケジュールを変動間隔（variable interval, VI）スケジュールと呼ぶ．VI スケジュールでは，FI スケジュールとは異なって強化が与えられるまでの時間間隔が変化する．変動するといっても完全にランダムではなく，平均すると一定の間隔になるように決められており，たとえば平均すると10分に1回強化されるような VI スケジュールは VI 10分，30秒であれば VI 30秒というように表記される．

　比率スケジュールでは，行動の回数が基準となって強化されるかが決まる．基準となる行動の回数が毎回一定のスケジュールを，固定比率（fixed ratio, FR）スケジュールと呼ぶ．このスケジュールでは，行動の生起するタイミングは関係なく，あらかじめ決められた回数の行動が起こると強化子が提示される．強化されるまでに必要な行動の回数が変動するスケジュールを，変動比率（variable ratio, VR）スケジュールと呼ぶ．VR スケジュールでは強化されるまでの行動の回数が変動するが，平均すると一定になるように設定されており，たとえば平均して4回の行動に強化が与えられるなら VR 4，10回なら VR 10 といった表記がなされる．

4.8　強化スケジュールと累積反応記録

　強化スケジュールは，それだけであれば無味乾燥でわかりにくいものに見えるかもしれない．しかし実は，我々の日常的な行動も強化スケジュールの影響を強く受けている．強化スケジュールが行動に及ぼす影響を考えるために，道具的条件づけによって獲得される行動の記録方法として伝統的に用いられてきたのが累積反応記録（cumulative record）である．累積反応記録では，横軸に時間，縦軸に動物が示した行動の累積回数が表示され，合わせて強化が提示されたタイミングが記録される．

　図4.5に，FI・FR・VI・VR の各スケジュールで訓練した場合の典型的な累積反応記録を示す（横軸が時間，縦軸が累積反応数）．FI スケジュールの累積反応記録を見てみると，横ばいになっているところから徐々に傾きが急になり，斜めのラインが記入されたところ（強化子が提示されたタイミングを示す）でまた横

ばいになり，時間が経過するとまた傾きが急になる，という傾向が見て取れる．
つまり FI スケジュールでは，「強化子が提示されると反応が一時的にストップし，
時間が経つと反応の頻度が上昇し，強化子が提示されるとまた反応がストップする」という傾向がある．こうした強化子提示直後に反応が一時的にストップすることを強化後反応休止（post reinforcement pause）と呼ぶ．

　図 4.5 に示した結果は，ラットのレバー押しやハトのキーつつきなどさまざまな行動に関して確認される結果だが，人間についても類似したことが起こることがある．FI スケジュールとは，「決まった時間が経過して最初の行動が強化される」というスケジュールであり，たとえば「発売日が決まっている雑誌を探しに本屋に行く」あるいは「毎週締切がやってくるレポートを書く」といった事態と対応する．我々は確かに，そうした事態では強化（雑誌を入手する，レポートを提出して受領証をもらう，など）されると一時的に行動が止まり，また時期が近づくと行動が増えるという結果を見ることになる．本屋に行ったりレポートを書いたりするのは「自分の自由意志で行っている」と我々は考えがちだが，我々の

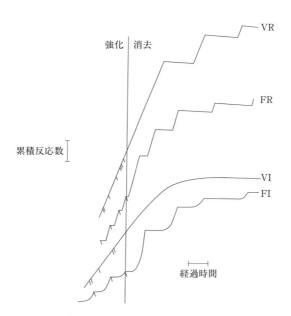

図 4.5　各強化スケジュールへの反応の例（文献 6 より作成）

多くの行動は強化スケジュールの影響を受けている.

　FI スケジュールと同じく時間が重要なスケジュールである VI スケジュールでは,FI スケジュールと異なり,強化後反応休止がほとんど見られず,一直線に累積反応記録が描かれている.これは,一定のペースで行動が持続していることを示している.VI スケジュールは,「強化が得られるまでの時間経過が毎回変動する」というものであり,たとえばこれは「不定期更新の Web ページを見に行く」あるいは「送ったメッセージに既読がついたか確認する」といった事態と同じである.何回確認しようが,相手が Web ページの更新をしたりメッセージを読んでくれない限り,つまり毎回変動する時間経過のあとでない限り強化されない.こうした事態で,我々はどのように行動するだろうか.一定のペースで行動が持続する,ということが想像できるだろう.これも FI スケジュールと同じく,自分の自由意志で行っていると思っている行動が実は強化スケジュールの影響下にあることを示している.

　FR スケジュールの累積反応記録では,一定ペースで行動が持続し,強化が与えられると行動が停止し(強化後反応休止),また一定ペースで行動が持続する.FR スケジュールでは,一定回数の行動を行うと強化を得ることができ,たとえばこれは「チラシを 100 枚配れば 1000 円もらえる歩合制のアルバイト」のような状況に対応する.こうした作業をしているところを想像してみると,100 枚のチラシを配ったら休憩し,またチラシを配り始めて,100 枚に到達するとまた一息入れるという行動傾向が想像できるだろう.実験箱の中でレバーを押すラットも,同じような行動傾向を示す.

　VR スケジュールでは,強化が与えられるまでに必要な反応数が変動する.累積反応記録を見ると,VI スケジュールよりも傾きが急になっており,反応のペースが他のスケジュールよりも高く維持されていることがわかる.VI スケジュールの例として,ギャンブルが挙げられる.ギャンブルでは,強化(当たり)までに必要な行動の回数が変動し,こうした場面では,実験箱の中のラットやハトも,人間も同じく,高頻度で行動が持続するという結果が得られる.

　図 4.5 の右側は,各強化スケジュールで獲得された行動が消去されていく様子を示している.古典的条件づけと同様に,道具的条件づけにおいても強化子の提示を行わない手続きを消去(extinction)と呼び,獲得された行動が徐々に消失していく.消去に移行しても,元々のスケジュールの影響によって消去の進み方

に違いがあることが見て取れる．なかでも注目すべきは，FI スケジュールで特
に顕著なように，消去が行われた初期において行動が一時的に増加していること
である．これは消去バースト（extinction burst）と呼ばれる現象である．次の
ような例を考えてみよう．自動販売機で飲み物を買う際には，お金を入れると，
ボタンに赤いランプが点灯し，ボタンを押して飲み物を手に入れることになる．
ここでは「赤いランプ」が弁別刺激，「ボタンを押す」が行動，「飲み物の入手」
が強化として働いていると考えられる．通常であれば「赤いランプが点灯してボ
タンを押すと必ず飲み物が入手できる」はずである，これは CRF である．では，
自販機でお金を入れて赤いランプが点灯したにもかかわらず，飲み物が出てこな
かったらどうだろうか．ボタンを押し，飲み物が出てこないのに気づいて何度も
ボタンを押し続け，どこかで諦めてボタンを押すのを止めて管理会社に連絡する，
ということが起こるだろう．ここでの何度もボタンを押すという行動は，消去バ
ーストによるものである．

4.9　道具的条件づけの実習

　ここでは，自ら実験参加者となって道具的条件づけを経験してもらう．デジタ
ル付録〈e〉4.2 のプログラムをダウンロードして実行してみよう．
　この課題（図 4.6）では，オペラントチャンバーを模したアリーナ空間内でア
バター（図 4.6 の③）を PC の矢印キーを使って移動させ，より多くポイントを
得ることを目的とする．実験時間は 5 分である．画面左上部には獲得したポイン
トが表示されており（図 4.6 の⑤），アリーナ上部にはライトを模した円形の刺
激（図 4.6 の①）と餌皿を模した四角の場所（図 4.6 の②）が設置されている．
ライトの点灯は強化子としてポイントを獲得する準備ができたことを示し，餌皿
の前でキーボードから J キーを押すことでポイントを得ることができる．また，
アリーナ左下にある立体（図 4.6 の④）には四方にスイッチが設置されており，
オペラントチャンバーにおけるレバーに対応する．実験参加者はアバターを操作
し，スイッチのついた立体に隣接した位置でキーボードから F キーを押すことで，
スイッチを押すことができる．つまり，ラットを対象とした実験での「レバーを
押すとライトが点灯し，餌を得ることができる」という状況を，ヒトを対象とし
て「スイッチ（図 4.6 の④）を押すとライト（図 4.6 の①）が点灯し，ポイント

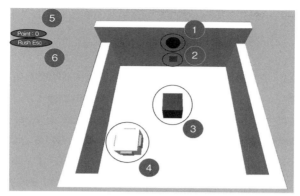

図 4.6 実習で用いる実験事態

を得ることができる」という状況に置き換えている.

　デジタル付録〈e〉4.2には，4つのアプリケーションが準備されている．それ
ぞれが本章で紹介した異なる強化スケジュールに対応している．読者自らが経験
することは重要だが，どんなスケジュールなのかを事前に知っていると行動に影
響するため，知人に実験協力者として参加してもらうのもいいだろう．自ら経験
する際には，あまり深く考えずに実行してみるのがよい.

　実行できただろうか．どういう規則でポイントが得られるようになっていたか，
気づいただろうか．実際にどんなデータが得られたかを確認してみよう．アプリ
ケーションを実行すると，スイッチを押したタイミングや押した回数，獲得した
ポイント数などが記録された CSV ファイル（save. csv）が生成される．生成さ
れたファイルを表計算ソフト（たとえば Microsoft Excel）で開いてみよう（図
4.7）．ファイルの A 列（time）にはスイッチやポイント獲得のためにキーボー
ドが押された時間，B 列（point）には獲得したポイント，C 列（key）にはキー
ボードから入力されたキーの種類が格納されている．この A 列のデータを用い
て，累積反応記録のグラフを描いてみよう．CSV ファイルからグラフを描画す
ることに慣れている読者は，自らの知識に基づいてグラフを描いてもらえばよい.
表計算ソフトを用いて累積反応記録を描画する方法は，デジタル付録〈e〉4.2
を参照してほしい.

　今回は，実験時間が5分と短いこと，あるいは強化スケジュールに関する知識

	A	B	C
1	time	point	key
2	12.34818		F
3	12.69976		F
4	13.38153		F
5	13.81565		F
6	14.23219		F
7	14.58183		F

図4.7　実習の実験事態で得られるデータの一例

のある人間のデータであることなどの理由で，本章で紹介したような典型的な累積反応記録の形状にはならなかったかもしれない．可能であれば，何人かのデータを取ってスケジュールごとに比較してみるのがよいだろう．また，実験参加者には終了後にどういう規則でポイントが獲得できたと感じたかを答えてもらうのも，理解を進めるのに役立つ．

4.10　日常的行動の理解にむけて

本章では，道具的条件づけと呼ばれる学習について，歴史的経緯や基本的な手続き，分析の単位などについて紹介し，実際に実験事態と結果の可視化の実習を行った．道具的条件づけは，我々人間の日常的な行動の多くにかかわっており，実験箱の中の動物だけに限った問題ではない．より日常生活における行動に近い応用的な話題は，5章や6章で扱われる．

三項随伴性や強化スケジュールについて理解することの重要性は多くあるが，特に重要なのは「我々が自由意志に基づいて行ったと思っている行動は，実は三項随伴性や強化スケジュールによって制御されている可能性がある」という点である．行動の頻度を変化させるために，我々はしばしば「意識を変えよう」「やる気が大事」といった文言を見聞きすることがある．しかし，学習心理学（行動分析学）の蓄積からは，必ずしもそうは言えない．意識ややる気の問題ではなく，環境の中に埋め込まれている強化スケジュールや随伴性が問題である．行動がどのような随伴性のなかにあるのか，その行動はどのようなスケジュールで強化さ

れているのかを理解し，随伴性や強化スケジュールを変えていくことが，行動を変えていくことにつながるのである．　　　　　　　　　　　　　　　　　〔澤　幸祐〕

文　献

1) Thorndike, E. L. (1911). *Animal intelligence: Experimental studies*. Macmillan.

2) Skinner, B. F. (1945). The operational analysis of psychological terms. *Psychological Review*, **52**, 270-277.

3) Skinner, B. F. (1956). A case history in scientific method. *American Psychologist*, **11**, 221-233.

4) Skinner, B. F. (1953). *Science and human behavior*. （スキナー（著），河合伊六・長谷川芳典・他（訳）（2003）. 科学と人間行動　二瓶社）

5) Ferster, C. B. & Skinner, B. F. (1957). *Schedules of reinforcement*. Appleton-Century-Crofts.

6) Reynolds, G. S. (1968). *A primer of operant conditioning*. Glenview, Ill : Scott Foresman.

5章
選　択　行　動

　本章では，オペラント実験箱（スキナー箱，オペラントチャンバー）を利用した並立スケジュール実験における選択行動へと内容を絞り，その過程の分析を行いながら，実験箱の中の動物がいったいどのような行動をしているのかについて，研究の深奥の一端を浮かび上がらせる．このために，さまざまな選択行動関連の話題を除外してしまうことを，あらかじめ断っておく．まず，心理学の歴史の初期から利用されている迷路学習（T迷路，Y迷路）や跳躍台などを利用した研究も選択行動であり，放射状迷路や水迷路は現在でも比較認知の記憶課題や，行動薬理学の薬効試験の行動指標として利用されている．またオペラント実験箱内でも並立スケジュールの亜型である並立連鎖スケジュールになると，また異なった話題が広がっている．こうした研究領域にも選択行動が関わっているがここでは扱わない．

　また選択行動といえば各試行で一度だけ何かを選択する離散試行型手続きが想像されやすいかもしれないが，オペラント実験箱では，自由オペラント型手続きで実験を行う．この手続きでは実験中に，たとえば，被験体のハトはエサが得られるキーつき反応を望むだけ自発してよいし，毛づくろいをしても，床敷きをついばんでいても，睡眠を取っていてすら構わない．セッション中は常に被験個体が自由に活動し，実験者が測定している選択行動は個体が"望む"ならば，何度繰り返してもよい．したがって，この手続き下の選択行動には時間・空間にわたる行動変動あるいは行動パターンがあり，どのような反応遂行を示すのか，そこに何らかの傾向は見られるのかを解明することが1つの論点である．

5.1　選択行動とオペラント条件づけ

　オペラント条件づけ（道具的条件づけ）に基づく選択行動研究の枠組みは，

1960年前後にハーンスタイン（Herrnstein, R. J.）がその実験手続きを固めたう
えでマッチング法則を発見し，またその理論的展開を示したことで確立していっ
た．行動分析学の中でも全体として数量的行動分析への志向の強い分野で，行動
分析学の国際学会の外郭団体 Society for Quantitatie Analyses of Behavior
（SQAB）では，選択行動研究はオペラント条件づけの数量的分析の側面を牽引し
てきたテーマでもある．

　オペラント行動に対しどのように後続事象を提示するかを定めた規則を強化ス
ケジュールと呼ぶ（スケジュールにはさまざまな種類があり，詳細は4章へ譲る）．
本章の主題となる並立スケジュールとは複数の操作体（レバーやキー等，行動の
自発を可能とするもの）を提示して各操作体への反応を異なる強化子や強化スケ
ジュールに従って強化する手続きである．学習心理学の基礎研究では，オペラン
ト実験箱の中にレバーやキーのような操作体が同時に2つ存在し，それぞれの操
作体に強化率の異なるスケジュールが配置された下での選択がとりわけ多く調べ
られてきた．変動時隔（variable interval, VI）スケジュールで各操作体へ強化
率が設定された並立 VI VI スケジュールが最も標準的である．VI スケジュール
は基本スケジュールの中で最も安定して中程度の反応率が継続し，特別な時間弁
別も成立しにくく，強化子取得のために多くの反応自発を要することでの疲労の
関与（比率負担）の問題もないため，2つのスケジュール間の相互作用を検討し
やすいスケジュールとして知られているのである．本章で扱う標準的実験手続き
は上述のようにそれほど複雑なものではないので，次節から幾らかの分析に力点
を置きつつ解説をしていく．

5.2　マッチング法則

　ハーンスタインは，並立 VI VI スケジュール下で，セッション全体で得られ
る全体強化率を一定に維持したまま，左右の選択肢のそれぞれから得られる強化
率，すなわち相対強化率を変化させる実験を行った[1]．ある相対強化率の条件で
ハトの選択行動が安定するまで訓練を積み，その後，別の条件へ改め再び行動を
安定させる．これを7条件でランダムな順に実施した．各選択肢で得られた強化
割合と反応割合との散布図を描いてみると，非常にきれいな比例関係が示され，
単純な等式によって記述可能であった．すなわち，

$$\frac{B_1}{B_1 + B_2} = \frac{R_1}{R_1 + R_2} \tag{1}$$

　ここで，B は反応数，R は強化数を表す．添え字は選択肢を示す．この等式を
マッチング法則と呼ぶ．なお，この式は反応数と強化数の比の等式へと次のよう
に変換することができる．

$$\frac{B_1}{B_1 + B_2} \times (B_1 + B_2) \times (R_1 + R_2) = \frac{R_1}{R_1 + R_2} \times (B_1 + B_2) \times (R_1 + R_2)$$

$$B_1 R_1 + B_1 R_2 = B_1 R_1 + B_2 R_1$$

$$\frac{B_1}{B_2} = \frac{R_1}{R_2} \tag{2}$$

　ボーム（Baum, W. B.）はマッチング現象が報告された選択行動データを集め，
それらを分析したところ，反応比と強化比の比例関係から 2 種類の経験的な逸脱
現象が存在することを特定した[2]．1 つはバイアスと呼ばれ，相対強化率から無
関係に一方の選択肢へ一貫して選好が示されることを指す（たとえば，位置選好）．
もう 1 つは過小マッチングと呼ばれ，相対強化率の変化への感度が低く選好が無
差別選好の方向へ偏る傾向である．これらの逸脱現象は両対数形式で図示すると，
容易に検出することができる．バイアスと感度を表すパラメータをマッチング式
に付加して一般化する．

$$\frac{B_1}{B_2} = b \left(\frac{R_1}{R_2} \right)^s \tag{3}$$

　ここで，b はバイアス，s は感度を表す．これを対数形式に書き換えると，

$$\log \frac{B_1}{B_2} = \log b + s \log \frac{R_1}{R_2} \tag{4}$$

で表現される．この式（3）および式（4）が一般化マッチング式である．

　次節では，筆者が単純なシミュレーションルールで生成したデータを例にとり，
ソフトウェア R でデータを処理しながら，マッチングの図を描いてみよう．実際に
ローデータに近いものに触れてみることは理解を深める助けとなるであろう．本章
演習の趣旨およびすべての演習に共通した事前準備については，デジタル付録 〈e〉
5.1 を参照いただきたい．

5.3 シミュレーションデータを用いたマッチング分析

　並立 VI 45 秒で全体強化率を定め，相対強化確率に応じて次の強化子が左右レバーのどちらに随伴するかを定めた．左レバーへの相対強化確率（7条件）で 0.125, 0.25, 0.375, 0.5, 0.625, 0.75, 0.875）を設け，シミュレーション上で1秒ごとに確率的に選択反応を自発する "疑似" ラットを用意した．このラットの反応確率は実験開始時には左（L）と右（R）で等しく 0.5 とし，強化を受けると反応確率は強化された側へ増加した．たとえば，左レバーへ反応を自発して強化された場合は，左反応確率（$p(L)$）が 0.5 から 0.95 の確率の中の値から選ばれる．強化後に左反応確率が 0.7 となったとしよう（図 5.1a）．さらに次も左反応で強化されたならば，$p(L) > 0.7$ の確率値から，逆に右反応で強化を受けた場合は，$p(L) < 0.7$ の確率値から次の反応確率が決定された．

　シミュレーションは3種類実施した．強化後の左反応確率推移が一様に等しく選ばれる場合のほか，強化後に左方向に反応確率が遷移しやすい場合（図 5.1b）と，反応確率の変動範囲を 0.25 から 0.75 へ絞った場合（図 5.1c）である．各条件 400 強化子を取得するまで実験を行い，それぞれの結果を得た．ローデータの読み方は 〈e〉5.2 を，3種類の実験結果は 〈e〉5.3 〜 5.5 を参照してほしい．

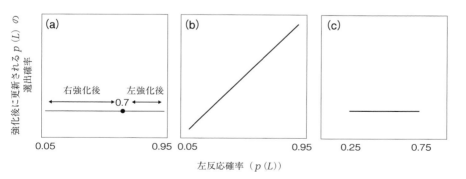

図 5.1　シミュレーションで使用した左反応確率の推移規則
(a)：$p(L)$ = 0.7 で選択反応を分配するラットが次に左反応で強化された場合は，$p(L)$ は 0.7 より高い確率へ更新される．右反応で強化された場合は $p(L)$ は 0.7 より低い確率へ更新される．その選出確率は指定範囲内ではどの値も等しい．(b)：$p(L)$ の更新時の選出確率は，$p(L)$ が高いほど高くなる．(c)：$p(L)$ の更新時の選出確率は等しいが，$p(L)$ の変動範囲が狭く限定されている．

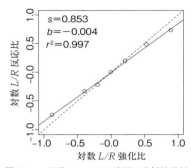

図 5.2 一般化マッチング法則の分析結果例
（〈e〉5.3 使用）

L は左選択肢，R は右選択肢，s と b はそれぞれ式（4）の傾きと切片を表し，r^2 は式（4）によるデータの説明率を表す.

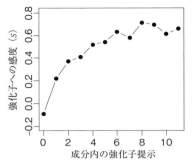

図 5.3 急速なマッチングの獲得（文献 3 のデータ点に基づき作成）

成分中の IRI ごとの感度を図示.

演習 5.1

〈e〉5.3，〈e〉5.4，〈e〉5.5 の各データを利用して対数 L/R 強化比に対する対数 L/R 反応比の散布図を描き，一般化マッチング式で求めた最適直線を当てはめ，バイアス b と感度 s を推定してみよう.

本演習の解答例となるコードが〈e〉5.7 に示してある（使用している関数等の説明のために〈e〉5.6 も参照のこと）. 図 5.2 に〈e〉5.3 の結果を図示した. 破線で示した対角線上にデータ点が並ぶ場合が完全なマッチングであり，その場合 b は 0，s は 1.0 となる. このシミュレーションで生成されたデータでは b は −0.004 で 0 に近似しており，左右レバーへのバイアスはほぼ無視してよい程度であることがわかる. s は 0.853 と 1.0 よりやや傾きが浅い. すなわち，過小マッチングが生じていることを意味する. これは実際の生物個体で見られる結果と類似している [3]. 〈e〉5.4 ではバイアスがある図が，また〈e〉5.5 では感度が一層低下した図が描けるはずである.

5.4 急速なマッチング獲得と選好パルス

ハーンスタインに始まるマッチング法則に関する手続きは 1 つの相対強化条件ごとに選好が安定するまで訓練を続けるのだが，各条件で 30 セッション程度を

費やすことも珍しくはなかった．相当な時間と労力が必要なのである．

　ところが，2000年代になり，新たな手続きでマッチングが研究されるようになった．デイビソン（Davison, M.）とボームは，1セッションを7成分に分割し，成分ごとに別の相対強化率を左右選択肢へ割り当て，7つの成分をランダムな順序で1度ずつ使用した[4]．各成分は12強化子の提示で終了し別の成分へ移るが，成分変化の手がかりは成分ごとに変化する相対強化率以外にはなかった．この手続きの下で50セッション（場合によっては100セッション近く）の長期訓練を実施し，そのうちの最終20セッションや30セッションを分析に使用するのである（それでも30セッション7条件を実施することに比べれば遥かに総セッション数は少ない！）．

　デイビソンとボームは得られたデータを，新しい成分開始から最初の強化子提示までの選択反応データ，その最初の強化子提示から2番目の強化子提示までの選択反応データ，……11番目の強化子提示から12番目の強化子提示までの選択反応データまで，強化間間隔（inter-reinforcement interval, IRI）ごとにデータを分割し，それぞれで一般化マッチングの分析を行い，成分内での選好の変化を確認した（図5.3）．感度sは成分の変更後わずか数強化子の提示を重ねる間に急速に増していき，マッチング傾向が成立することが示された．

　デイビソンとボームがハトを利用した動物実験で見つけたもう1つの現象として選好パルスが知られている[5]．これは，並立スケジュールで強化子提示を受けた直後，十数秒の間，セッション全体の選好（図5.2の各反応比）に比べ非常に強い選好が強化子提示を受けた選択肢へ起きる現象である．この一時的な選好の偏りは20秒から30秒程度で，その後，セッション全体の選好水準へと収束していく．図5.4では直前に強化子提示を伴った選択肢をP（productive），そうではない選択肢をN（not-productive）として常用対数による対数反応比を表現している．正方向へ高く偏るほど，直前に強化子提示を伴った選択肢への選好が高いことを示している．セッション全体で選択肢間に選好がない場合（対数反応比が0）と比べると，対数反応比1は10倍，対数反応比2は100倍の選好の偏りが起きていることを示している．その偏りにはアーティファクトが含まれているという指摘もあり[6]，実際には，そこまで大きな隔たりはないのであろう．しかし，それでも依然として，強化子提示後の選好はセッション全体に比べて一時的に偏る傾向はあるのである．当初，デイビソンとボームは先の急速なマッチング獲得

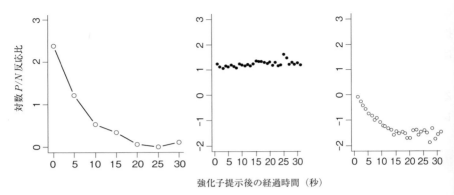

図 5.4　左：並立 VI VI スケジュールの選好パルス（文献5のデータ点を基にして作図），中央および右：弁別刺激付き並立 VI EXT スケジュールでの選好パルス（文献7のデータの一部から改めて作成）

実験のデータから選好パルスを示したが，ハーンスタイン以来の伝統的な実験手続き下のデータでも同じ現象は確認されている.

　ここでは筆者が過去に実際に取得したうちの1個体のラットのデータを使ってソフトウェアRで選好パルスの図を描いてみよう．その実験は，全体強化率をVI30秒で設定し，確率0.5で強化子提示位置を左右に分配した．強化子提示直後に2秒のブラックアウト期があり，その間に次強化子の位置は決定され，そのレバー位置はレバーランプを点灯させることで明示された．換言するとランプの点灯側が VI レバー，消灯側が消去（extinction, EXT）レバーの並立 VI EXT スケジュールであった．このレバーランプを手掛かりとした弁別学習はラットにとって難しい課題ではない．実際にどの個体でも弁別率は9割前後であった.

　〈e〉5.9 に提示したデータは既に処理を加えた後のものであるが1匹のラットのローデータの雰囲気は伝わるだろう（ローデータの読み方は〈e〉5.8）．ラットは途中で別の条件の訓練を受ける段階を挟み，その前後で，上記手続きの実験訓練をそれぞれ60セッション程度遂行しており，ここではその最後20セッションずつを抽出し，それをあわせてある.

　この手続きでは，強化子を伴ったレバー側のランプが再び点灯する場合と，それとは逆のレバー側のランプが点灯する場合があり，それに応じて反応事象は次の4つの場合へと分類することができる．すなわち，反応事象が最後に強化子提示を伴ったレバーの選択であり，加えてそのレバーが再びランプ点灯している場

合，逆に反応事象がランプの消灯したレバーの選択であった場合，最後に強化子提示を伴ったが，今はランプが消灯しているレバーの選択であった場合，それとは逆に，今はランプが点灯しているレバーへの選択であった場合である．

　ランプ点灯位置変更の有無に応じたそれぞれの場合の対数 P/N 反応比を求める際は，分子は最後に強化子が随伴したレバーの選択反応，分母はそうではないレバーの選択反応である．これを潜時 1 秒ごとに集計を行い図を描くのである．

演習 5.2

〈e〉5.9 のデータを利用し，選好パルスの図を描いてみよう．図は 2 つの場合に分けられる．1 つは，直前に強化されたレバーが再び VI レバーになる場合であり，もう 1 つは強化されたレバーが EXT レバーとなり，隣のレバーが VI レバーとなる場合である．それぞれで強化子提示後 1 秒ごとにデータをまとめ，対数 P/N 反応比を求めよう（コード解説（〈e〉5.10）ならびにコード（〈e〉5.11）も適宜参照のこと）．

　この演習の結果は図 5.4 中央・右のようになる．図 5.4 中央（黒丸）は強化後に同じ選択肢が VI レバーになる（ランプが点灯する）場合，図 5.4 右（白丸）は別の選択肢が VI レバーになる場合である．図 5.4 中央ではほぼ水平で，ランプが点灯しているレバーを安定して選好しているが，図 5.4 右では曲線を描いており，強化子提示直後は無選好に近く 15 秒程度をかけて，徐々にランプ点灯側レバーへ選好が強まっていく．この選好変化の曲線形状は選好パルスである．消灯側レバーへの反応は一切強化されず，すでにレバーランプに基づく弁別は成立しているにもかかわらず，強化直後には VI レバーに匹敵する選好が EXT レバーへ示されるのである．この実験は VI 選択肢をレバー位置だけで特定できない条件弁別的な特異さがあり，そのため標準的な並立スケジュールで指摘されたアーティファクト成分の議論も当てはまらない．そのうえでも選好パルス状の選択行動の推移が見られるのである．

5.5　選択行動の構造

　並立スケジュール下においてラットはどのような行動を行っているのだろうか．ここでは試みとして，個体の選択行動の大まかなスケッチを提供するために，

2種類の分析を行ってみよう.

5.5.1 対数生存分布分析

　セッション全体の反応率は代表的な測度であるが，その反応率は2つの反応率の複合物である可能性が検討されてきた[8]. 1つは個体がその反応遂行に従事している間（これはバウトと呼ばれる）の率であり，もう1つはこの反応バウトを開始する率である. つまり，繰り返し選択可能な自由オペラント事態にあって，ある行動を始めると，しばらくの間はその行動を一定の反応率で従事し続け，バウトを構成する. このバウト内反応率と，反応バウト終了から次の反応バウトが開始されるまでの時間（バウト開始率）へと全体反応率は分離可能であるという考えである.

　シャル（Shull, R. I.）らはこれを示すために対数生存分布分析を利用した[8]. ある時間（t）以上の長さを持つ反応間時間（inter-response time, IRT）の割合の対数値が時間 t の関数として図示される. もし瞬間瞬間の反応自発確率が常に一定ならば（すなわちバウトの想定は不要ならば），この片対数の図において IRT の割合は1つの指数分布に従って直線状に減衰していく（図5.6左・中央の減衰直線のように）. しかし，この IRT の割合が最初は急激に減衰し，次第に曲線を描きながら緩やかに減衰する場合，2種類の別の指数分布から複合的に成ると解釈することができ（二重指数分布），急な減衰直線がバウト内反応率，緩慢な減衰直線がバウト開始率という，2過程に分かれるとみなすのである.

　スミス（Smith, T. T.）らはこのバウトを巡る対数生存分布の分析手法で並立スケジュール下の各選択肢への行動傾向を捉える分析を試みた[9]. ここでは彼女らの手法を利用して先ほどの並立 VI EXT スケジュール下のラットのデータを分析してみよう. VI 選択肢を訪問（visit）してからその選択肢を離れるまでに自発された反応による IRT を VI 選択肢への訪問中 IRT（within-visit IRT），EXT 選択肢を訪問してから，再度，VI 選択肢へ戻るまでの時間を訪問間 IRT（between-visit IRT）とみなした（図5.5）. EXT 選択肢についても同様にして訪問中 IRT，訪問間 IRT を定義する. この分析を実施するためのデータを 〈e〉5.9 から作成したものが 〈e〉5.13 である（ローデータ読み方解説は 〈e〉5.12）.

　本分析では，IRT 40秒までを 0.2秒区間ごとに集計し，その合計数から各区間までの累積数の差を求め，割合で表現する. y 軸を対数とした片対数の図に 20

秒までのデータを図示する．またそのデータに対して以下の二重指数分布の当てはめを行うことで，パラメータ推定を行った．

$$F_{(IRT>t)} = (1-p)e^{-Wt} + pe^{-Bt} \tag{5}$$

ここで p は訪問間，$(1-p)$ は訪問中の IRT 割合の推定近似値，e は自然対数の底，W は訪問中反応率または 1 本目の直線の傾き，B は訪問（開始）率または 2 本目の直線の傾きを表し，t は最後の反応からの経過時間である．

演習 5.3

〈e〉5.13 を利用して対数生存分布図を描き，二重指数分布を当てはめパラメータ推定を行おう（コード解説〈(e) 5.14〉とコード（〈e〉5.15）も参照のこと）．

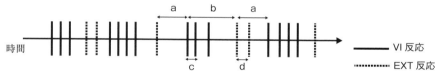

図 5.5 事象記録図例と各種 IRT

バウト分析では反応率は 2 種類の IRT から構成される．分析の標的を VI 反応とした場合は a が訪問間 IRT，c が訪問中 IRT の例である．EXT 反応を標的とした場合は，b が訪問間 IRT，d が訪問中 IRT の例となる．

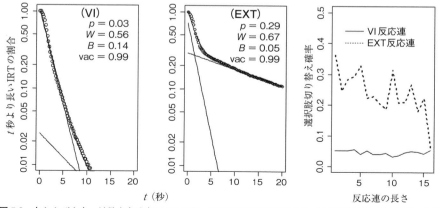

図 5.6 左および中央：対数生存分布による分析，右：反応連長の関数としての選択肢切り替え確率の分析

　図5.6左・中央に演習5.3の結果を示している．二重指数分布の当てはまりは良好であったので（分散説明率 vac を参照），推定されたパラメータを利用して2本の指数分布に分解して直線を加えた VI 選択肢への反応は t 秒より長い IRT の割合（縦軸）がわずか3%以下になるまで，ほぼ一直線となっている．つまり，この選択肢への反応自発はバウトのように反応率が2状態で構成されている傾向はほとんど示さず，単純なランダムに近い．一方，EXT 選択肢への反応は早い段階から曲線を描き，2つの別の指数分布で構成される状態に分解可能であることが示唆される．p の逆数（$1/p$）は反応連（すなわち，一訪問当たりの反応数）の推定平均値とされるが，VI 選択肢では 33（$= 1/0.03$）反応，EXT 選択肢では 3.5（$= 1/0.29$）反応程度である．VI 選択肢へ長く滞在し多くの反応をし続けることは，高い弁別率と整合性のある結果である．一方，EXT 選択肢に対しては稀な頻度であるが，訪問した際には連続して反応を自発する．多くは数反応であろうが，時にはそれよりも長く反応が続くことがあり，そうした訪問中反応率は短い IRT を持ち短時間に何反応も繰り返される様子が窺える．

5.5.2　反応連長の関数としての選択肢切り替え確率の分析

　次は反応連の長さの関数としての選択肢切り替えの生起確率を求める．これは機会あたりの相対頻度として求める[10]．たとえば，連の長さが5反応の時の選択肢切り替え確率は，5反応未満で途切れた連では生起機会が得られないので，この時の相対頻度計算から反応連の長さが4以下の場合を排除する．つまり，該当の反応連の長さにおいて選択肢切り替えが起きる確率を求める際に，その反応連より短い反応連は分母から排除して計算する．本分析の下準備として ⟨e⟩ 5.13 のデータから各選択肢への反応連を求めた（ローデータ読み方解説は ⟨e⟩ 5.16）．そのローデータが ⟨e⟩ 5.17 である．

演習 5.4

⟨e⟩ 5.17 を利用して反応連の長さの関数としての VI 選択肢から EXT 選択肢への切り替え確率と，EXT 選択肢から VI 選択肢への切り替え確率を求めよう（コード解説（⟨e⟩ 5.18）とコード（⟨e⟩ 5.19）も参照のこと）．

　図5.6右に演習5.4の結果を示す．実線は VI 選択肢から EXT 選択肢へ，破線

は EXT 選択肢から VI 選択肢への反応切り替えを表す．VI 選択肢で起きた反応連ではその長さにかかわらず，EXT 選択肢へ切り替える確率はおよそ一定である．一方，EXT 選択肢では反応連が長くなるにつれて切り替え反応が起こりにくくなっていく傾向が見られる．換言すると，多くの場合，EXT 選択肢への反応は 2，3 反応程度で終わり，VI 選択肢へと切り替えが起きているのだが，それより長い反応連が起きる時には，徐々に切り替えをせず固執する傾向を強めていた．

5.5.3　これまでの分析から言えること

　ここまで，並立 VI EXT スケジュール下で，ラットはどのような選択行動を行っているのかの構造を検討してきた．対数生存分布は，訪問間 IRT と訪問中 IRT に区別可能な差が見られるかを分析する．その結果は VI 選択肢では両 IRT が似通っており区別できず，EXT 選択肢では区別可能で典型的なバウト構造が示された．ラットは VI 選択肢へほぼ常駐し，反応をし続け，たまに EXT 選択肢へ切り替えが起きるが，VI 選択肢から離れている時間は短いものが多いこと，一方，EXT 選択肢への訪問は頻繁に起きるわけではないが，いざ訪問が起きた際には短い間隔で数反応が自発されることがわかった．反応連の関数としての切り替え反応確率の分析からは，VI 選択肢から EXT 選択肢への切り替えは反応連の長さにかかわらずほぼ一定であることが示された．さらに EXT 選択肢から VI 選択肢へは 2，3 反応ですぐに選択肢の切り替えが起きる可能性が高い一方，短い連で終わらない場合には，EXT 選択肢への固執傾向が増していくことが観察された．

　VI 選択肢と EXT 選択肢の比較で，VI 選択肢へ常駐することは当然であり，それほど興味深くないかもしれない．しかし，これと類似の傾向が並立 VI VI スケジュールでマッチングを生じる選択行動データの分析において，ボームらによって指摘されている [11]．図 5.7 は左右の選択肢のバイアスはないことを確認したうえで，ハトが選好を示した選択肢とそうではない選択肢との間での対数反応比ごとに平均反応連を図示したものである．黒丸は選好（prefered）選択肢での反応連，白丸は非選好（non-prefered）選択肢での反応連を示している．マッチングが成立しているので，反応比は強化比の変化に相関している．この結果を見ると，選好選択肢での反応連は選好が強まるにつれ伸びていくが，非選好選択肢への反応連は，選好の強さにかかわらず，常に数反応の連が自発されている．

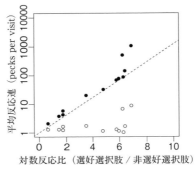

図 5.7　選択行動に見られるフィックス&サンプル（文献 11 のデータ点を元に作図）

　つまり，並立スケジュールでマッチングが成立する際にも，選好される選択肢へその選好の程度に応じて常駐し，時折，非選好選択肢へ数反応自発し，すぐに選好選択肢へ戻る行動傾向が示されているのである．ボームらはこの傾向をフィックス&サンプル（fix-and-sample）と呼称した．

　しかし，並立 VI EXT スケジュールでの個体データの分析は，EXT 選択肢に対して，時折固執的に反応を自発する傾向があることを示しており，この傾向はフィックス&サンプルの特徴とは異なる．実は，この選択反応の特徴も EXT 選択肢に特有のものではない．同じ傾向はすでに並立 VI VI スケジュールにおいて存在することがシルバーバーグ（Silberberg, A.）らによって示されている[10]．そこでも，相対的に強化率の低い非選好選択肢において同じ分析から図 5.6 右と類似の固執傾向が示されている．

　いったいどのような理由で時折，非選好選択肢へ固執的な反応連が自発されるのだろうか．ここで，選好パルスを想起してほしい．直前に強化子が随伴提示された選択肢に対して，強化後しばらくの間は高い選好が発生するために，セッション全体での選好水準から逸脱するのである．これは相対強化率が低く設定された非選好選択肢においても生じる．並立 VI EXT スケジュールの手続きでは強化子提示に続き 2 秒のブラックアウトを挟み，その後，時折スケジュールと結びつくレバー位置が逆転した．直前に強化されたとしても今では EXT スケジュールが結びついた選択肢となる場合があるが，その選択肢へも 10 数秒間にわたり一定の選好が生じていた．選好パルスが生じるならば，スケジュールの結びつく操作体がセッション中に変化しない並立 VI VI スケジュールでも同じことが起

きていることは十分に考えられるであろう．この選好パルスに現れた反応傾向は
ウィンステイ（win-stay），すなわち，強化子随伴提示された選択肢への強化直
後の一次的な選好傾向である．したがって，並立スケジュールの下で個体がどの
ような選択行動を行っているのかについて，フィックス＆サンプルを基本傾向と
して，強化直後にはウィンステイ傾向が起きていると簡潔にまとめることができ
るのである [7]．

5.6　選択行動としてのオペラントの地平

　並立スケジュール下の選択行動はオペラント条件づけの強化スケジュール研究
の支流のように見える．実際にそのように捉えることも間違いではないのだが，
逆に選択行動的な視点からオペラント条件づけ全体を理解しようという見方もあ
る．どのような行動も同じ瞬間に選び得たさまざまな行動間の選択行動であり，単
一の操作体およびスケジュール下でのオペラント行動（たとえばラットのレバー押
し行動）も，測定されていないさまざまな行動（毛づくろい行動や探索行動など）
とその随伴強化との間での選択行動とみなすのである [12]．

　また，支流と言って片づけられないほどにこの領域は 20 世紀後半から現在に
至るまで，豊穣な研究成果をもたらし，学習心理学の地平を切り開いてきた．並
立スケジュールに並立連鎖スケジュールを加えた選択行動事態からは，自己制御
パラダイム，価値割引，行動経済学や行動生態学への接続など，本章では扱えな
かった魅力的で多産な領野が広がっている．

　本章では前節までの分析およびまとめで，選択行動の過程についての 1 つの説
明を与えてきたが，それがある程度の事実を整合的に説明したとしても大雑把な
ものであるし，さまざまある説明の 1 つでしかない．選択行動の過程の研究はな
お途上である．なぜマッチングが生じるのかについても，当初はハーンスタイン
はマッチングそのものが過程として働くと説明したが，その後に多様な説明が提
起されてきた．こちらも現在までに定説が周知されたとまでは言えない．筆者と
しては，地道に選択行動時の選択の変動傾向とそれに影響を与える要因を把握し
ていくことがやがては有力な説明や理論の検証へ役立つだろうと考える．そうし
た営みの一端を実感していただけたならば本章の目的は達せられたといってよい
だろう．

〔八賀洋介〕

文　献

1) Herrnstein, R. J. (1961). Relative and absolute strength of response as a function of frequency of reinforcement. *Journal of the Experimental Analysis of Behavior*, **4**, 267-272.

2) Baum, W. M. (1974). On two types of deviation from the matching law: Bias and undermatching. *Journal of the Experimental Analysis of Behavior*, **22**, 231-242.

3) Baum, W. M. (1979). Matching, undermatching, and overmatching in studies of choice. *Journal of the Experimental Analysis of Behavior*, **32**. 269-281.

4) Davison, M. & Baum, W. M. (2000). Choice in a variable environment: Every reinforcer counts. *Journal of the Experimental Analysis of Behavior*, **74**, 1-24.

5) Davison, M. & Baum, W. M. (2002). Choice in a variable environment: Effects of blackout duration and extinction between components. *Journal of the Experimental Analysis of Behavior*, **77**, 65-89.

6) McLean, A. P., Grace, R. C., et al. (2014). Preference pulses without reinforcers. *Journal of the Experimental Analysis of Behavior*, **101**, 317-336.

7) Hachiga, Y., Sakagami, T., et al. (2015). Preference pulses and the win-stay, fix-and-sample model of choice. *Journal of the Experimental Analysis of Behavior*, **104**, 274-295.

8) Shull, R. L., Gaynor, S. T., et al. (2001). Response rate viewed as engagement bouts: Effects of relative reinforcement and schedule type. *Journal of the Experimental Analysis of Behavior*, **75**, 247-274.

9) Smith, T. T., McLean, A. P., et al. (2014). Concurrent performance as bouts of behavior. *Journal of the Experimental Analysis of Behavior*, **102**, 102-125.

10) Silberberg, A., Hamilton, B., et al. (1978). The structure of choice. *Journal of Experimental Psychogoy: Animal Behavior Processes*, **4**, 368-398.

11) Baum, W. M., Schwendiman, J. W., et al. (1999). Choice, contingency discrimination, and foraging theory. *Journal of the Experimental Analysis of Behavior*, **71**, 355-373.

12) Herrnstein, R. J. (1970). On the law of effect. *Journal of the Experimental Analysis of Behavior*, **13**, 243-266.

6章
臨　床　応　用

6.1　臨床場面における学習心理学の応用

　私たちは日々の生活を送る中で，何らかのきっかけによって，それまでの生活習慣を維持できなくなることもある．たとえば，進学や転居などによる環境の変化，家族や友人など身近な人との関係の変化，天災や不慮の事故に遭遇する可能性もある．このような場合，私たちは，一時的に困難な状況に陥っても，次第に新たな生活習慣を形成し，それに適応していくことができる．しかし，困難な状況が長引き，新たな生活習慣を形成できない場合もある．これは，個体が置かれた環境において，不適応な状態にあるといえる．

　学習心理学では，個体の不適応は何らかの学習（条件づけ）により獲得されたものと考える．このため，その治療は，学習の原理に基づいて不適応を改善することが基本となる．治療では，まず，問題となっている不適応行動が，古典的条件づけと道具的条件づけのどちらによって獲得されたものであるのか見極める必要がある．しかし，実際には，これらのどちらもが相互に関連していることが多い．個々の事例に応じて，適切に治療を進めるためには，2つの条件づけの違いを理解し，それぞれの治療の手続きがどのような原理に基づいているのか理解することが重要である．本章では，まず，古典的条件づけに基づく臨床応用と，道具的条件づけに基づく臨床応用について，事例を踏まえて解説する．その上で，さまざまな不適応の背景に共通する行動として，特に，衝動性とセルフコントロールの問題を取り上げ，道具的条件づけに基づく最新の応用研究について紹介する．

6.2 古典的条件づけの応用

6.2.1 個体の体験の理解

　雨の日は少し憂鬱な気分になる人もいるだろう．しかし，その「雨」のような何らかの刺激によって，日常生活を送ることが困難になったり，心理的苦悩を抱えた状態が長く続いたりする人もいる．たとえば，天気予報の雨マークを見ただけで突然パニックを起こして暴れる子どもや，雨の日の朝に，ひどい体調不良に襲われて出勤できない成人などの事例である．このように，多くの人には共通して起こらないような体験は，その時点だけを他者の視点から客観的に見ると，理解されないことが多い．「なぜ，そんなことでパニックを起こすのか」「なぜ，その程度のことで休むのか」と非難されることもある．しかし，雨の日に悲惨な出来事を経験していたという過去を知れば，少し見方が変わるだろう．

　学習心理学の知見は，個体の主観的な体験の背景を理解し，その個体を不適応な状態から適応へと導くための心理療法として，臨床場面で広く応用されている．まずは，主観的な体験のうち，特に，受動的に引き起こされる感覚や感情を理解するために，ワトソン（Watoson, J. B.）の情動条件づけを取り上げる．

6.2.2 情 動 条 件 づ け

　ワトソンは，ヒトの恐怖反応が古典的条件づけ（3章参照）によって成立することを，生後11か月の乳児を対象とした実験によって明らかにした[1]．「アルバート坊やの実験」として知られるこの研究は，以下の手順で実施された．まず，アルバート坊やが白いラットを怖がらないことを確認する．次に，アルバート坊やが白いラットに触ろうと手を伸ばした時に，彼の後ろで大きな音を立てる．このような，白いラットと大きな音の対提示を繰り返す．古典的条件づけの操作としては，白いラットが条件刺激（conditioned stimulus, CS），大きな音が無条件刺激（unconditioned stimulus, US），音による恐怖反応が無条件反応（unconditioned response, UR）である．7回の対提示の後，アルバート坊やは，白いラットを見ただけで泣き出すようになった．この恐怖反応は条件反応（conditioned response, CR）である．さらに，その後アルバート坊やは，この条件づけに用いられた白いラットだけでなく，ウサギや，毛皮のコートに対しても

恐怖反応を示すようになった．これは，般化（generalization）と呼ばれる．ワトソンが行ったこの情動条件づけの研究は，倫理的に問題があり，実験の手続きやその解釈にもいくつかの問題点が指摘されている[2]．しかしその一方で，不安症や心的外傷後ストレス障害（post traumatic stress disorder, PTSD）等を発症する過程の理解と，その治療に対する方向性を示した点では意義が認められる．恐怖反応を，情動条件づけの経験によって学習されたものとして捉えたことで，新たな学習経験によって，これを解消できる可能性を示したのである．

　私たちの日常生活の中にも，情動条件づけの例は多く見られる．たとえば，交通事故の現場に遭遇し，救急搬送の場面を目撃した後は，救急車のサイレンの音を聞くだけで，強い恐怖感を覚えるだろう．逆に，楽しかった思い出と共に流れていた音楽を久しぶりに聞くと，当時の感情が呼び起こされ，気持ちが前向きになるかもしれない．このように，情動条件づけは，恐怖や不安のような否定的な感情だけでなく，喜びや安心のような肯定的な感情にも成立する．私たちは日常生活を送る中で，偶然に，何らかの感情を引き起こす刺激（US）を受けると同時に，他の刺激（CS）にもさらされている．このような経験が，その後の自身の感情に何らかの影響を及ぼす可能性があることを，情動条件づけの研究から知ることができる．

6.2.3 消去と拮抗条件づけ

　古典的条件づけによって形成された恐怖反応を消失させるためには，条件刺激（CS）を提示して無条件刺激（US）を提示しない手続きが必要である．この手続きを繰り返した結果，恐怖反応が弱まったり消失したりすることは，消去（extinction）と呼ばれる．アルバート坊やの実験では，白いラット（CS）と大きな音（US）の対提示をやめて，白いラット（CS）のみを提示する試行を繰り返すことが，白いラットに対する恐怖反応（CR）を消失させることにつながる．

　しかし，消去の手続きによって，恐怖反応が完全に消失したとしても，恐怖反応が形成される前の状態に戻ったわけではない．もし，恐怖反応を示すアルバート坊やに対し，大きな音（US）は出さずに白いラット（CS）だけを見せるという試行を繰り返すことができていたなら，次第に恐怖反応は消失しただろう．しかし，その後，一定の間隔をおいて再び白いラット（CS）を見せていたら，恐怖反応が再出現した可能性がある．このように，消去後の時間経過によって条件

反応が再出現することは，自発的回復（spontane-ous recovery）と呼ばれる．一旦消失した条件反応が再出現する要因については，時間経過だけではなく，消去時の文脈や消去後の経験等，さまざまな要因が指摘されている．消去に関するこれらの基礎研究の知見は，消去の手続きを用いた不安症等の治療において，再発を予防し，治療経過を評価する際に有用である[3]．

　古典的条件づけによって形成された恐怖反応を消失させるためのもう1つの方法は，拮抗条件づけ（counterconditioning）である．これは，CSを提示してUSを提示しない消去の手続きに比べて，より積極的な手続きであり，恐怖反応をより早く消失できると考えられる．アルバート坊やの実験から約3年後，ワトソンの研究を引き継いだジョーンズ（Jones, M.）は，アルバート坊やと同じように白いラットやウサギへの恐怖反応を示す別の子ども（2歳10か月のピーター）に対して治療を行った．ピーターは，白いラットよりウサギの方により強い恐怖反応を示したことから，治療にはウサギが用いられた．まず，ピーターが好きなお菓子を食べている時に，ピーターから離れた場所にウサギを置き，徐々にウサギの位置をピーターに近づけていった．この結果，次第にピーターの恐怖反応は弱まり，最終的には，ウサギに触ることもできるようになった．拮抗条件づけは，特定の条件刺激（CS）に，それ以前に対提示されていた無条件刺激（US 1）とは相反する別の無条件刺激（US 2）を新たに対提示することによって，条件反応を除去する手続きである．つまり，恐怖を引き起こす刺激（US 1）と結びついたウサギ（CS）に，恐怖を引き起こすと刺激とは相反する，快をもたらす刺激としてのお菓子（US 2）を対提示することによって，ウサギに対する恐怖を除去したのである．このとき，ウサギと子どもの距離を徐々に近づけることで，弱い恐怖を引き起こす刺激から，強い恐怖を引き起こす刺激へと段階的に治療を進めたことは，その後の研究に引き継がれている．

　ウォルピ（Wolpe, J.）は，特に不安や恐怖の治療法として，系統的脱感作（systematic desensitization）を考案した．ジョーンズの方法と同様に拮抗条件づけを用いるが，これを導入する前に，表6.1のような不安階層表の作成と，リラックスをするための弛緩法を実施することが特徴である．セラピストはまず，クライエントに不安を感じる場面を列挙してもらい，それぞれの場面に対する主観的な不安の強さを自覚的障害単位尺度（subjective unit of disturbance scale, SUDS）として，0から100までの数値で表してもらう．これらを数値の低い順に並び替え，

整理して，不安階層表を作成する．弛緩法としては，筋弛緩法や呼吸法などが用いられ，クライエントはいずれかの弛緩法を習得する．これらの事前準備が整ったら，セラピストは不安階層表に従って，SUDS の低いものから順にクライエントに刺激を提示する．クライエントの不安が生じたら，弛緩法を用いて拮抗条件づけを行う．そして，クライエントの不安が消失したら，次の刺激を提示した上で再び弛緩法を行う．このような作業を繰り返すことで，クライエントは最終的に，当初は最も SUDS が高かった場面に対しても不安を感じなくなるのである．

事例 1　スクールカウンセリングの実際

　中学 2 年生の女子 A さんは，不登校の状態が 1 か月続いていた．きっかけは，英語の授業中にグループ発表をした際に，緊張して失敗したことであった．仲の良い友人から失敗を責められ，当初は，教室にいると気分が悪くなり，吐き気を訴えて保健室に行くことが増えていた．やがて，登校しても教室に入ることができなくなり，次第に欠席が続いた．その友人とはまた仲良くしたいと思ってはいたが，「教室に入るのは怖い」と訴えた．

　セラピストは，まず，A さんと一緒に表 6.1 のような不安階層表を作成した．次に，カウンセリングルームの中で SUDS の最も低い場面をイメージしながら，具体的にその場面で起こりそうなことを詳細に話してもらった．ここでは，特定の弛緩法は使用していないが，カウンセリングルームは，A さんがリラックスするために十分な環境であった．そして，SUDS が少しでも下がったら，実際に，それと似た場面を学校の中で実践することとした．セラピストは担任教員と連携し，A さんが無理なく，その場面を実践できるように環境を整えた．

　不安階層表に基づく場面について，カウンセリングルームで SUDS を少し下げた後，実際の場面で実践したことで，その後，より高い SUDS の場面についても順調に克服することができた．こうして A さんの教室に対する恐怖感は消失し，毎日登校できるまでに回復した．

表 6.1 不安階層表（女子中学生の不登校の事例）

提示順序	場面	SUDS
1	休み時間に廊下で仲の良い友達と話す	10
2	廊下側の一番後ろの席で国語の授業を受ける	20
3	廊下側の一番後ろの席で英語の授業を受ける	30
4	窓側の一番後ろの席で国語の授業を受ける	40
5	1人で教室を移動する	50
6	昼休みに数名のグループでお弁当を食べる	60
7	遅刻して教室に入る（クラスメイトに一斉に振り向かれる）	80
8	英語の授業中に指名される	100

6.2.4　エクスポージャーと行動実験

　系統的脱感作は，拮抗条件づけの手続きを含むことから，不安と拮抗するものとして弛緩法を導入する必要がある．しかし実際には，事例1のAさんのように，弛緩法の習得を省略することもある．系統的脱感作の効果について検討した複数の研究の結果，弛緩法の導入は系統的脱感作の治療効果に影響しないことも指摘されている[4]．実際に，リラックスとの拮抗条件づけを含む系統的脱感作は，現在は，あまり用いられていない．

　現在，不安や恐怖に関する不適応の治療において，最も用いられている方法はエクスポージャー（exposure）法である．その中でも，特に，持続エクスポージャー法（prolonged exposure, PE）は，PTSDに対する高い治療効果が確認されている[5]．エクスポージャー法は，不安を引き起こす刺激に繰り返しさらす（曝露する）ことによって不安を消失させる方法である．つまり，古典的条件づけの消去の手続きに基づいている．実際の治療においては，クライエントを，単に，不安を引き起こす刺激にさらすのではなく，その刺激が安全であることをクライエントが学習する過程が重視される．エクスポージャー法を用いた治療では，一時的にクライエントの不安や強迫症状を悪化させる可能性もあり，それが治療の妨げになることもある．こうした治療上の課題を解決するためにも，古典的条件づけに関する基礎研究と臨床実践とのさらなる交流が期待される[4, 6]．

　事例1では，系統的脱感作の手続きを，カウンセリングルームから実際の教室へと広げ，現実場面でのエクスポージャーへと展開している．このような方法は，近年，行動実験（behavioral experiment）と呼ばれる認知行動療法の一技法と

しても知られている[7]．行動実験とは，クライエントの不適応の背景にある不合理な信念の妥当性を，実際に行動に移して試してみることである．不安を引き起こす刺激に直面する点では，現実場面でのエクスポージャー法と同じであるが，行動実験では，実際に直面することで，不合理な信念が妥当でないことを体験することが重視される．そのため，行動実験の実施前には，クライエントに行動実験の結果を予測させ，実施後にその結果を評価させる．こうして，クライエントは，自分の予測が偏った考え方に基づいたものであったこと，つまり，確信の不一致（belief disconfirmation）を体験するのである．行動実験は，特に，パニック症，社交不安症，強迫症の治療においてその有効性が確認されている．

　行動実験が治療として成功するためには，確信の不一致を体験できるような行動実験を設定する必要がある．そして，行動実験の中で単に新しい行動を試すだけでなく，クライエント自身がその後もその行動を自発し，維持することが重要である．新しい自発行動を獲得し，維持する過程を理解するためには，道具的条件づけの原理が必須である．

6.3　道具的条件づけの応用

6.3.1　個体の行動の理解

　個体の不適応の背景を理解する際，古典的条件づけは，特に，受動的に引き起こされる個体の感情を理解するために役立つ．そして，消去等の手続きを用いることで，その感情に伴う行動（たとえば，恐怖反応）にアプローチすることができる．これに対し，道具的条件づけ（4章参照）は，個体が能動的に自発する行動の原因を，直接的に理解するために役立つ．道具的条件づけの手続きによって新しい行動を獲得し，それを維持することで，不適応な状態から適応へと向かうのである．

　道具的条件づけの原理に基づく心理療法は，行動分析学（behavior analysis）の応用分野，応用行動分析（applied behavior analysis, ABA）の1つであり，行動修正学（behavior modification）とも呼ばれる．三項随伴性の枠組みを用いて不適応行動の機能を分析し，適応行動を定着させることで個体の心理的安定を図ろうとする．三項随伴性の枠組みから行動を分析することは，機能分析と呼ばれる．個体が自発する行動の原因を理解するためには，機能分析が出発点となる．

6.3.2 機 能 分 析

　不適応行動を減らし，新たに，適応行動を獲得してそれを定着させるためには，まず，不適応行動の機能を分析する必要がある．行動の機能を分析するとは，①いつ，どのような場面で，その行動が起こるのかということと，②その行動の結果，どうなるのかということを，明らかにする作業である．ある行動が起こる場面や，その直前の状況は先行事象（弁別刺激）と呼ばれる．そして，その行動の結果，つまり，その行動の直前と直後の状況の変化は，後続事象（強化子）と呼ばれる．ある行動が繰り返されるのは，その行動をする人にとって，その行動をした直後に良い結果が得られるためである．言い換えると，その行動の直前と直後の状況の変化が，その行動をする人にとって，強化子として機能しているためである．機能分析では，いつ，どのような場面で起こるのか（直前の状況）だけでなく，その行動の結果（直後の状況）に注目し，環境と行動との相互作用を明らかにすることが重要である．

　臨床場面において，クライエントは，自分自身の不適応行動の原因がわからないまま，悩んでいることも多い．そのため，不適応行動が起こりそうな場面を避けてしまい，事態がさらに悪化することもある．セラピストは，直接観察と，クライエント自身や家族等からの情報をもとに機能分析を進める．そして，機能分析をもとに，まずは，不適応行動が起こる直前の状況を変えて，その行動が起こらないように環境を整備する．同時に，不適応行動が起こっていた場面で，新たな別の行動が起こるようにし，それを維持できるように働きかける．機能分析は，子どもを対象とした教育現場での実践が広く知られているが，認知行動療法の基本的な技法の１つとして，成人のさまざまな精神疾患の治療にも適用されている．近年，医療現場でも，患者や医療従事者の行動変容のために，機能分析に基づく実践が幅広く展開されている[8, 9]．

事例2　発達相談の実際

　小学2年生の自閉スペクトラム症（autistic spectrum disorder, ASD）の男子Bくんは，普段は穏やかな性格だが，突然，大声で暴言を言うことがあった．母親が特に困っていたことは，Bくんが，外出先でも，近くにいる見知らぬ人に対して，突然，大声で暴言を言うことであった．言われた相手はほとんどの場合，戸惑った様子でその場を離れるが，怒ってBくんや母親を強く叱責する人もいる．このよ

うなことが続き, 母親はBくんを連れて外出することを避けるようになり, 地域から孤立していた.

　図 6.1 はBくんの不適応行動の機能分析の結果を表したものである. まず, 外出先での暴言は, いつ, どのような場面で起こるのかを明らかにする. 母親からの情報によると, 電車での移動中に, 途中の駅で多くの乗客が乗ってきたときや, 商店街, イベント会場など, 人の多い場所であることがわかった. 次に, そのような場面でBくんが暴言を言った結果, どうなるのかを明らかにする. Bくんが暴言を言うとすぐに, 母親はBくんを注意していた. そして, ほとんどの場合, その場にいた人はBくんから離れていった.

　以上のことから, どうやら, Bくんが緊張や不安を感じるような場面で, この行動が起こっているようであった. そして, この行動の結果, 母親に注意され, 周りの人がいなくなることが, Bくんの緊張や不安を和らげているようであった. 母親にBくんをどのように注意をしているのか再現してもらったところ, Bくんの体を軽く抱きしめ, 耳元で「そんなこと言わないよ」と小さな声で言っているとのことだった. Bくんにとっては, このような結果が, 暴言を言う行動を維持する強化子として機能していると考えられた.

　図 6.2 は, 機能分析をもとに, セラピストが母親と共に考えた対応策である. まず, 不適応行動が起こらないように, 直前の状況を変えることを検討した. 人

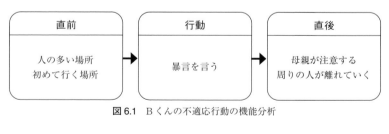

図 6.1　Bくんの不適応行動の機能分析

図 6.2　機能分析に基づく対応策

の多い場所や初めて行く場所は，Bくんが日常生活を送る上で完全に避けることはできない．そこで，そのような場所に行くときには，事前にBくんに伝えるようにした．そして，Bくんは，暴言を言う代わりに，母親に声をかけたり，母親の服を少し引っ張ったりして，合図を出すことにした．母親はその合図があると，すぐに人の少ない場所に移動したり，Bくんの体に触れながら，Bくんが安心できるように声をかけたりした．「暴言を言う」という不適応行動と機能的に等価な代替行動として，「母親に合図する」という適応行動の形成を試みたのである．

6.3.3　分化強化

　事例2のBくんの「暴言を言う」という行動を減らすために，「母親に声をかける」「母親の服を引っ張る」という別の行動を増やす方法は，代替行動分化強化と呼ばれる．このような方法の理論的根拠は，選択行動の基本原理であるマッチング法則（5章参照）から導出された双曲線関数モデルである[10]．

$$R = kr/(r+r_e)$$

　ただし，R は単一の行動，r はその行動を行うことから得られる強化子，r_e はこの行動以外のすべての行動から得られる強化子，k は経験定数を表す．

　ここで，「暴言を言う」という行動を R とすると，これを減らすための方法として，暴言を言うことで得られる強化子（r）を減らすことが考えられる．もう1つの方法は，r には触れず，R 以外の行動から得られる強化子（r_e）を増やすことである．前者の方法は，不適応行動そのものに働きかけることから直接法，後者の方法は別の行動に働きかけることから間接法と呼ばれる．

　直接法を適用する場合には，消去バーストに注意する必要がある．道具的条件づけにおける消去バーストとは，それまで強化されていた反応に対する強化子の提示が中止（消去）されることにより，一時的にその反応の強度や頻度が高まることである．Bくんの事例では，Bくんが暴言を言うことに対して，母親が注意することをやめた場合，Bくんは，さらに大きな声で，繰り返し暴言を言うことになるだろう．この事例のように，不適応行動が他者に関わる場合，消去バーストが起こったときに，消去を続けることは困難である．そのため，直接法より間接法を適用することが望ましい．不適応行動の機能分析の結果をもとに，代替行動が生起しやすい環境を整え，代替行動を強化することによって不適応行動を減

らすのである．不適応行動に注目しすぎると，それ以外の行動に目が向きにくくなるが，不適応行動以外の行動をしている時間が増えれば，次第に不適応行動はなくなるのである．

6.3.4 道具的条件づけと臨床行動分析

　従来の心理療法では，治療効果が明確に見られる場合とそうでない場合がある．心理療法が明確にクライエントの回復につながり，効果のある治療となるために，セラピストに求められる具体的な行動とはどのようなものだろうか．そして，それをどのように評価すればよいのだろうか．これらのことを理解するには，道具的条件づけの原理，つまり，行動の機能を分析する視点に基づいて，セラピストとの相互作用の中でクライエントの行動を理解する必要がある．

　道具的条件づけの原理に基づく心理療法のうち，成人を対象とした心理療法として，近年，特に注目されているものは，アクセプタンス＆コミットメントセラピー（acceptance & commitment therapy, ACT）である[11]．ACT では，個体の心理的不適応は，言語によって自発的行動が制限されている状態として理解される．ここでの言語とは，いわゆる「思い込み」のような，主観的な思考，感情，および，身体感覚などの心理的体験が言語化されたものである．たとえば，「私はだめだ」とか，「外出すると体調が悪くなる」などと考えることで，自発的に行動する範囲が制限され，不適応行動につながることもある．ACT では，このような不適応行動につながる言語の機能を，関係フレーム理論（relational frame theory, RFT）によって理解する．クライエントにとって不快な思考や感情であっても，それらを受け入れながら（アクセプタンス），新しい行動を獲得し，維持する（コミットメント）ことを目指す治療技法である．ACT は治療を通して，クライエントの心理的柔軟性を高めることを目標とするが，心理的柔軟性を高めることは，クライエントが自発する行動の可能性を広げ，強化される機会を増やすことにつながるのである．

　機能分析心理療法（functional analysis psychotherapy, FAP）も，道具的条件づけの原理に基づく成人を対象とした心理療法である[12]．FAP には以下の2つの前提がある．1つ目は，日常場面で問題となっているクライエントの行動と機能的に類似する行動は，治療セッション中でも生じること，2つ目は，治療セッション中に，セラピストとの関係の中で生じるクライエントの行動は，治療セッ

ション外の日常場面でも生じることである．1つ目の前提にあるクライエントの行動は，臨床関連行動1（clinically relevant behavior, CRB1）と呼ばれ，2つ目の前提にあるクライエントの行動は，臨床関連行動2（CRB2）と呼ばれる．治療の手順は，不適応行動であるCRB1をセッション中に生じさせた上でそれを弱め，新たに，適応行動であるCRB2をセッション中に生じさせた上でそれを強める．そして，CRB2を日常場面に般化させることである．FAPは，特定の治療技法というより，クライエントとの相互作用の中で，セラピストがどう行動すべきかを導く概念的枠組みとも捉えられる．

　ACTとFAPは，行動の機能を分析する視点に基づいてクライエントの行動を理解し，新たな適応行動を定着させることで，心理的安定を図ろうとする点で共通する．このようなアプローチは，臨床行動分析と呼ばれる．臨床行動分析では，クライエントの自発的な行動を個別に理解し，クライエントの現状に応じた新たな適応行動を個別に設定して治療を進める．つまり，道具的条件づけの原理を，個別の行動の理解とその治療に応用しているのである．

6.4　衝動性とセルフコントロール

6.4.1　衝動性と精神疾患

　道具的条件づけの原理は，個別の行動の理解だけでなく，個体差を超えて，いくつかの精神疾患に共通する行動の理解と，その治療にも応用されている．ここでは，特に，さまざまな不適応行動の背景にあると考えられる衝動性とセルフコントロールの問題を取り上げる．道具的条件づけの基礎研究から発展した選択行動研究（5章参照）では，1970年代に，オペラント実験箱（スキナー箱，オペラントチャンバー）を用い，動物を対象として，衝動性とセルフコントロールの研究が始まった．まもなく，その研究対象はヒト（成人），子どもへと広がり，現在では，実験室外でも幅広く応用されている．

　衝動性は，注意欠如・多動症（attention-deficit/hyperactivity disorder, ADHD），アルコールや薬物依存症，パーソナリティ障害などの精神疾患との関連が指摘され，それらの診断基準にも取り上げられている[13]．また，喫煙，ギャンブル，肥満などのさまざまな不健康な行動につながることも指摘されている[14, 15]．学習心理学では，選択行動研究（5章参照）の枠組みを用いて，動物やヒトを対象に，

衝動性とセルフコントロールの問題を定量的に扱っている．即時に得られる小さな報酬（即時小報酬）と，待ち時間の後に得られる大きな報酬（遅延大報酬）間の選択場面において，即時小報酬を選択することは衝動性，遅延大報酬を選択することはセルフコントロールと定義される [16]．このような選択場面で，動物やヒトの子どもは即時小報酬を選ぶ，つまり衝動性を示すことが知られている．そして，子どもは年齢が上がるにつれて，遅延大報酬を選択し，セルフコントロールを示すようになる [17]．

　ADHD児やASD児の示す衝動性は，臨床場面で主訴として挙げられることが多い．選択行動研究の枠組みを用いた研究では，発達障害児は定型発達児より高い衝動性を示す（即時小報酬を選択する）ことが明らかにされている．このことから，選択行動研究の枠組みは，発達障害児のセルフコントロール訓練にも応用されている．近年，ADHD児やASD児の衝動性の評価など [18]，さまざまな精神疾患の診断や治療に応用する試みが始まっている．

6.4.2 価値割引研究とその応用

　即時小報酬と遅延大報酬間の選択場面において，即時小報酬を選択（衝動的な選択）するのは，待ち時間の後に得られる報酬という時間要因により，遅延大報酬の価値が即時小報酬の価値より主観的に低くなるためと考えられる．こうした選択の背後には，報酬の価値割引（discounting）の過程が想定され，特に，時間要因により報酬の主観的価値が割り引かれる現象は遅延割引と呼ばれる．これまでの多くの研究から，その割引過程は以下の双曲線関数によりうまく記述できることが明らかになっている [19]．このような双曲線関数のパラメータ値(k値)が，衝動性（セルフコントロール）の程度を表す定量的測度であり，この遅延割引率の値が大きければ，衝動的傾向を表現していることになる．

$$V = A/(1 + kD)$$

ただし，Vは割引後の価値，Aは報酬量，Dは遅延時間，kは遅延割引率を表す．

　衝動性と関連とする精神疾患の中でも，薬物依存症，アルコール依存症，ギャンブル依存症の患者の遅延割引率は，一般の成人より高いことが明らかにされている [20]．依存症患者に見られる衝動性の問題を，遅延割引の視点から理解することで，新たな治療や回復支援につながる可能性がある．

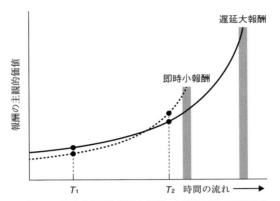

図 6.3　即時小報酬と遅延大報酬の主観的価値の割引過程
縦軸は報酬の主観的価値, 横軸は報酬を得るまでの時間を表す. 得られる報酬が時間的に離れている時 (T_1) は, 遅延大報酬の価値が高いため遅延大報酬を選ぶ (セルフコントロールを示す) が, 時間的に接近している時 (T_2) は, 即時小報酬の価値が高いため即時小報酬を選ぶ (衝動性を示す) ことになる.

　即時小報酬と遅延大報酬間の選択場面において衝動的選択が行われるのは, 図 6.3 に示したように, 目の前に報酬がある時点 (T_2) では, 即時小報酬の価値が遅延大報酬の価値より高いためと考えられる[21]. 一方, 得られる報酬が時間的に離れている時点 (T_1) では, 遅延大報酬の価値が即時小報酬の価値より高いため, 遅延大報酬が選択される. このように, 時間の経過に伴って遅延大報酬から即時小報酬へと選好が逆転することは, 選好逆転 (preference reversal) と呼ばれる. 選好逆転の日常例としては, 寝る前に目覚まし時計をセットしていても, 朝, 目覚まし時計を止めて二度寝してしまうことが挙げられる. 寝る前の時点では, 朝早く起きることの価値が高いが, 朝起きた時点では, もう少し寝ることの価値の方が高くなっているのである. 別の例として, 大学生がレポートを書くための時間をあらかじめ決めておいても, 実際にその時間になると, なかなかレポートに取り掛かることができず, つい他のことをしてしまうことも選好逆転の例である.

　このような選好逆転現象の理解は, 依存症患者の治療場面において, 心理教育として適用されている[22]. 薬物等の再使用が起こることを, 誰にでも起こる行動の現象の 1 つであると理解することは, 依存症からの回復に向けての第一歩となる.

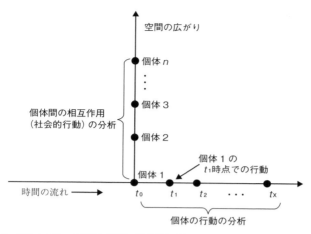

図 6.4 個体の行動の分析と個体間（社会的行動）の行動の分析の関係を表す概念図

6.4.3 衝動性と利己性

　報酬の価値が割り引かれる要因として，時間要因だけではなく，他者との共有という社会要因が知られている．これは社会割引と呼ばれ，その割引過程は，遅延割引と同様に以下の双曲線関数によりうまく記述できることが明らかになっている．パラメータ値（s 値）は利己性（利他性）の程度を表す定量的測度であり，この社会割引率の値が大きければ，利己的傾向を表現していることになる[23]．

$$V = A/(1 + sN)$$

　ただし，V は割引後の価値，A は報酬量，N は共有人数（または社会的距離），s は社会割引率を表す．

　衝動性とセルフコントロールの問題には，現在と将来の自己との間の利害対立（個体内ジレンマ）が含まれている．これに対し，利己性と利他性の問題には，自己と他者との間の利害関係（個体間ジレンマ）が含まれている．そして，これらは類似した構造のジレンマであることが指摘されている．個体の行動の分析と，個体間の相互作用の分析との関係は図 6.4 のようにまとめられる[10]．個体の行動の分析は，ある空間における，ある時点と別の時点との時間的な関係を分析することである．これに対し，個体間の相互作用の分析は，ある時点における，ある個体と別の個体との関係という空間的な関係の分析である．他者の存在を，一種の環境と捉えることで，個体内ジレンマと個体間ジレンマは，同一の枠組みで分

析することができる．

　以上のことから，衝動性と利己性については，時間軸上の差異間の選択と，空間軸上の差異間の選択として説明できる [24]．衝動性は，時間的に広い視野で見た結果ではなく，狭い視野で見た結果を選択することである．これに対し，利己性は，空間的（社会的）に広い視野で見た結果ではなく，狭い視野で見た結果を選択することである．これまでに，遅延割引の研究は，動物やヒト（子どもから成人）を対象に比較的多く行われているが，社会割引の研究は少ない．遅延割引と社会割引の視点から，衝動性と利己性の発達的変化や，これらの関連について検討することは，社会性の問題を背景とした不適応の理解に役立つと考えられる．

6.4.4　衝動性と非行・犯罪

　非行や犯罪も，選択行動研究の枠組みから見ると，衝動的選択として理解することができる．犯罪を犯す人は，犯罪を犯さなければ得られる将来の大きな報酬（遅延大報酬）より，犯罪を犯すことで即時に得られる報酬（即時小報酬）を選択していると考えられる．

　非行少年は同年代の大学生と比較して，遅延割引率が高いことが明らかにされている [25]．また，成人の犯罪者についても，一般の成人より遅延割引率が高いことが複数の研究で示されている．ただし，年齢や犯罪の内容によって異なる結果も示されていることから，遅延割引率として測定される衝動性以外の要因にも目を向ける必要があるだろう．特に，反社会的行動や攻撃行動については，社会的な要因も関連していると考えられる．子どもを対象とした研究では，社会割引と外在化問題行動（反社会的行動，攻撃性，ルール違反など）との関連について検討されている [26]．その結果，外在化問題行動を示す子どもは，そうでない子どもより，社会割引率が高いことが明らかになった．これは，子どもの反社会的行動や攻撃行動には，これまでに指摘されてきた衝動性だけでなく，利己性も関連していることを示唆している．

　遅延割引と社会割引は，共通の割引関数で記述されるが，その違いについて，さまざまな変数との関連が検討されている [27]．たとえば，スマートフォンを操作しながら自動車を運転することは，事故につながる危険な行動であるが，運転中にスマートフォンを操作する人は，そうでない人より，遅延割引の程度が高いことが明らかにされている [28]．歩きながらスマートフォンを操作する人について

は，そうでない人より，遅延割引の程度は高いが，社会割引では差が見られていない [29]．遅延割引の基礎研究の知見は，すでに犯罪者の更生や再犯防止等に応用されているが，今後，社会割引の基礎研究も蓄積されることで，他者の存在や他者との関係という視点を踏まえた応用の可能性も広がることが期待される．

6.5　自分の行動変容（セルフコントロール実習）

「やめたいと思っていてもなかなかやめられない行動」は，なぜやめられないのだろうか．即時小報酬と遅延大報酬の枠組みから見ると，その行動の直後に，その行動をする個体にとって良い結果が随伴しているからである．言い換えると，その行動をやめることで将来に得られる良い結果（遅延大報酬）があっても，その価値は直後に得られる結果（即時小報酬）の価値より低いためである．同様に，「やろうと思っていてもなかなか始められない行動」は，なぜ始められないのだろうか．これも，その行動を始めないことで，その時にやっている別の行動の直後に，良い結果が随伴しているからである．言い換えると，行動を始めることで将来に得られる良い結果（遅延大報酬）があっても，その価値は直後に得られる結果（即時小報酬）の価値より低いためである．

　自分の行動をコントロールすることができず，衝動的選択をしてしまう行動傾向について，「衝動性が高い」とか「意志が弱い」と表現することで，その人の性格として理解することもできる．しかし，性格として理解すると，その人に安定した性質として受けとめられるため，その性格を構成するような一つ一つの行動の変化を諦めてしまいがちである．学習心理学では，個体の一つ一つの行動を，それぞれ環境との相互作用として捉える．したがって，ある行動とその環境との相互作用を分析し，その分析に基づいて，個体の置かれた環境を変化させれば，行動は変化すると考えられる．選択行動の基礎研究の知見から，セルフコントロールを確立するための具体的方策として，①「弁別刺激を明確にする」，②「強化随伴性を設定する」，③「全体的見方の教育」の3点が挙げられる [10]．日常場面の身近な問題を取り上げ，学習心理学の視点から，自分自身の行動変容に取り組んでみることは，学習の原理への理解を深めるだけでなく，それを臨床場面へと応用することの意義と課題の理解にもつながるはずである．演習 6.1，6.2，6.3 のワークシートは，デジタル付録〈e〉6.1 でダウンロードできる．介入例は，

デジタル付録〈e〉6.2 を参照してほしい.

演習 6.1　　目標行動の決定とベースラインデータの測定

(1)「やめたいと思っていてもなかなかやめられない行動」を複数挙げてみよう.

〈例〉

  ・欲しいものがなくてもコンビニに立ち寄り, お菓子を購入する.

  ・長時間の SNS, 動画視聴, オンラインゲーム, マンガを読むなど.

  ・つめをかむ, 髪の毛を抜く, などの癖.

(2)「やろうと思っていてもなかなか始められない行動」を複数挙げてみよう.

〈例〉

  ・資格試験のための勉強

  ・講義の予習復習

  ・家事（料理, 片づけ), 運動, 読書など.

(3)（1）と（2）で挙げた行動のうち, ここで「セルフコントロール実習」として取り上げたい行動を 1 つ選ぼう.

〈ポイント〉

現時点で, どの程度改善したいと思っているかを評定し, 最も強く改善したいと思っているものか, 最も取り組みやすそうなものを選ぶとよい.

(4)（3）で選んだ行動について, 図 6.4 を参考に, 選好逆転を図示してみよう.

(5)（3）で選んだ行動について, 今日から 1 週間, データを記録しよう.

〈ポイント〉

何を, いつ, どのように測定し, それをどのように記録するか, 明確にしておくこと.

演習 6.2　介入の計画と実施

(1) 演習 6.1（5）のベースラインデータに基づき, 介入計画を立てよう.

〈ポイント〉

「やめたいと思っていてもなかなかやめられない行動」を取り上げた場合は, 図 6.1

を参考に, 機能分析をしてみよう. そして, 図 6.2 を参考に, 目標行動 (増やしたい行動) を決定しよう.

「やろうと思っていてもなかなか始められない行動」を取り上げた場合は, その行動を始められる可能性があった時間帯の自分の行動について振り返ってみよう. 何か別のことをして過ごしていたはずである. その別の行動について, 図 6.1 を参考に, 機能分析をしてみよう. そして, 図 6.2 を参考に, 目標行動 (増やしたい行動) を決定しよう. ここは, 「やろうと思っていてもなかなか始められない行動」につながる具体的な行動となるだろう.

いずれにしても, 目標行動が生起しやすいように, 環境を設定すること (これまでとは異なる環境とすること) が重要である.

(2) 介入を実行し, 今日から 1 週間, データを記録しよう.

(3) 介入を中止し, 今日から 1 週間, データを記録しよう.

(4) 再度, 介入を実行し, 今日から 1 週間, データを記録しよう.

演習 6.3　介入の評価

ベースライン期 (演習 6.1 (5)), 介入期 (演習 6.2 (2)), ベースライン期 (演習 6.2 (3)), 介入期 (演習 6.2 (4)) のデータを比較するため, 表や図として描いてみよう. その結果に基づき, 介入の効果を評価しよう.

〈ポイント〉

介入の効果が見られた場合は, データのどの部分からそのように評価できるのか, なぜ, 効果が見られたのか考察しよう. そして, この介入の効果を他の行動に般化できる可能性について考察しよう. 介入の効果が見られなかった場合も, データのどの部分からそのように評価できるのか, なぜ, 効果が見られなかったのか考察しよう. そして, どのように介入計画を変更すべきか検討し, 次の介入計画を立ててみよう.

6.6　他者の行動変容を援助（認知行動療法の実際）

　セルフコントロール実習によって，自分の行動変容に顕著な効果が見られた場合と，そうでない場合があるだろう．介入の効果に影響を与える要因はさまざまに考えられるが，自分一人で介入のすべての過程を担うことは難しい場合もある．効果が見られなかった介入計画であっても，他者が援助者として関わることで，効果が見られることもある．臨床場面では，セラピストがその役割を担うことになるが，セラピストだけでなく，クライエントの家族や身近な他者も，援助者の役割を担うことができる．

　他者の行動が理解できず，その他者の行動に不満を感じたときには，他者を責めたり，攻撃につながることもある．しかし，他者を攻撃しても，問題となっている他者の行動は改善しないだけでなく，状況が悪化することもある[30]．他者の行動についても，その行動と環境との相互作用を分析し，その分析に基づいて，他者の置かれた環境を変化させれば，行動は変化するはずである．

> 演習 6.4
>
> セルフコントロール実習として取り組んだ自分の行動変容の手続きを，他者の行動変容に応用しよう．

〔空間美智子〕

文　献

1) Watson, J. B. & Rayner, R. (1920). Conditioned emotional reactions. *Journal of experimental psychology*, **3**, 1.
2) 高砂美樹（2019）．心理学史における Little Albert をめぐる謎．行動分析学研究，**33**, 128-134.
3) 二瓶正登・澤　幸祐（2017）．不安症および曝露療法を理解するための現代の学習理論からのアプローチ．専修人間科学論集．心理学篇，**7**, 45-53.
4) 遠座奈々子・中島定彦（2018）．不安障害に対するエクスポージャー法と系統的脱感作法—基礎研究と臨床実践の交流再開に向けて．基礎心理学研究，**36**, 243-252.
5) 齋藤　梓（2021）．持続エクスポージャー療法（PE）の活用と工夫　飛鳥井　望（編）　複雑性 PTSD の臨床実践ガイド—トラウマ焦点化治療の活用と工夫　日本評論社.
6) 二瓶正登・田中恒彦・他（2019）．不安と関連する障害における古典的条件づけの役割と意

義—古典的条件づけの諸現象と連合学習理論の臨床的応用．不安症研究，**11**, 13-23.

7) 石川亮太郎・小堀　修・他（2013）．強迫性障害に対する行動実験を用いた認知行動療法．不安障害研究，**5**, 54-60.

8) 岸村厚志・飛田伊都子（2020）．介護労働者の腰痛の現況からみた課題と行動分析学を用いた予防教育の有用性．作業療法，**39**, 395-405.

9) 佐々木雅子・飛田伊都子・他（2020）．認知症高齢者の自律的口腔ケアプログラムの有効性検証—回復期リハビリテーション病棟における試み．日本口腔ケア学会雑誌，**15**, 9-16.

10) 伊藤正人（2005）．行動と学習の心理学—日常生活を理解する　昭和堂．

11) Hayes, S. C., Strosahl, K. D., et al. (2012). *Acceptance and commitment therapy: The process and practice of mindful change.* 2nd ed. Guilford Press.（武藤　崇・三田村　仰・他（訳）（2014）．アクセプタンス＆コミットメント・セラピー（ACT）第2版—マインドフルネスな変化のためのプロセスと実践　星和書店）

12) Kohlenberg, R. J. & Tsai, M. (1991). *Functional analystic psychotherapy: Creating intense and curative therapeutic relationships.* Springer.（大河内浩人（訳）（2007）．機能分析心理療法—徹底的行動主義の果て，精神分析と行動療法の架け橋　金剛出版）

13) American Psychiatric Association (2013). *Diagnostic and Statistical Manual of Mental Disorders.* 5th ed. American Psychiatric Association.（高橋三郎・大野　裕（監訳）(2014). DSM-5 精神疾患の診断・統計マニュアル　医学書院）

14) 平岡恭一（2017）．依存と価値割引　高橋雅治（編）セルフ・コントロールの心理学—自己制御の基礎と教育・医療・矯正への応用　北大路書房．

15) 井垣竹晴（2017）．肥満とセルフ・コントロール　高橋雅治（編）セルフ・コントロールの心理学—自己制御の基礎と教育・医療・矯正への応用　北大路書房．

16) Rachlin, H. & Green, L. (1972). Commitment, choice, and self-control. *Journal of the Experimental Analysis of Behavior*, **17**, 15-22.

17) 空間美智子（2022）．セルフコントロールを育てる心理学—行動分析学からのアプローチ　昭和堂．

18) 池上将永・荒木章子・他（2020）．ADHD児とASD児における遅延割引率の測定．小児の精神と神経，**60**, 223-231.

19) Green, L. & Myerson, J. (1993). Alternative frameworks for the analysis of self-control. *Behavior and Philosophy*, **21**, 37-47.

20) Yi, R., Mitchell, S. H., et al. (2010). Delay discounting and substance abuse-dependence. In G. J. Madden & W. K. Bickel (eds.), *Impulsivity: The behavioral and neurological science of discounting.* American Psychological Association. pp. 191-211.

21) Rachlin, H. (1980). *Behaviorism in everyday life; A simple framework for solving problems and understanding people.* NJ: Prentice-Hall.

22) 蒲生裕司（2017）．矯正分野におけるセルフ・コントロール　高橋雅治（編）セルフ・コントロールの心理学—自己制御の基礎と教育・医療・矯正への応用　北大路書房．

23) Jones, B. & Rachlin, H. (2006). Social discounting. *Psychological Science*, **17**, 283-286.

24) Locey, M. L., Safin, V., et al. (2013). Social discounting and the prisoner's dilemma game.

Journal of the Experimental Analysis of Behavior, **99**, 85-97.

25) 佐伯大輔 (2017). 犯罪とセルフ・コントロール　高橋雅治 (編) セルフ・コントロールの心理学—自己制御の基礎と教育・医療・矯正への応用　北大路書房.

26) Sharp, C., Barr, G., et al. (2012). Social discounting and externalizing behavior problems in boys. *Journal of Behavioral Decision Making*, **25**, 239-247.

27) 井垣竹晴 (2019). 社会割引研究の現状と展望. 哲学, **142**, 97-126.

28) Hayashi, Y., Russo, C. T., et al. (2015). Texting while driving as impulsive choice: A behavioral economic analysis. *Accident Analysis & Prevention*, **83**, 182-189.

29) Igaki, T., Romanowich, P., et al. (2019). Using smartphones while walking is associated with delay but not social discounting. *The Psychological Record*, **69**, 513-524.

30) 杉山尚子 (2005). 行動分析学入門—ヒトの行動の思いがけない理由　集英社.

7章
機 械 学 習

　心理学とは，ヒトや動物の心（や行動）の学問なので，機械のことをやっても仕方ないのではないか．機械のことを知ったからといって，ヒトの学習や行動の性質について理解できるとは思えない．しかし，最近の機械には学習能力を持つものがある．床を這いずり回ってゴミを集める掃除ロボットも，動き回る間に部屋の形を学習し，最も短時間に効率よくゴミを集めることができるようになる．これはまさしく機械が認知地図を持ち，汚れの除去を強化（4章参照）として条件づけを行い，最適な経路を選択し行動していることになるのではないか．機械がどうしたら効率的に学習し，選択（5章参照）するのか，それを考えることは，ヒトを含む生物がいかにして学習する機構を脳に持っているのか，それを理解するための道具として使えるのである．これを，構成論と呼ぶ．行動を理解するために行動するシステムを構成するにはどうすればいいのか．この章では，主に情報科学や工学で発展してきたさまざまなアルゴリズム（機械を動かすための数理）を学ぶ．このアルゴリズムは，これまで学んできた学習心理学の概念と対応づけることができる．これらの概念を数理的に表現し，アルゴリズムとして理解することが本章の目的である．

7.1　機械学習とは

　ヒトや動物の学習とは，経験によって生じる比較的永続的な行動の変化である．では機械にとって，学習とは何だろうか？　機械とはここでは情報処理機械，すなわち計算機のことである．計算機には，入力と出力があり，内部に情報を蓄える記憶装置がある．その記憶装置の情報を入出力で書き換えること，これが学習に相当する．ヒトや動物の場合，入力である刺激と出力である行動に現れる変化を観察し，学習を研究する．機械の場合，ある刺激入力が与えられた時に機械の

行動出力方法を決めるアルゴリズム，すなわち機械にはこう動いてほしい，とい
う設計が存在する．設計とは，機械の動作目的である．先の掃除ロボットであれ
ば，いかにバッテリーを消耗せずに部屋をきれいにし，障害物にぶつからないよ
うな経路を通って仕事をこなすか，に相当する．これらの経験の与え方と，動作
目的に応じて，以下の3つの分類がある．

　①教師なし学習：経験はある数値ベクトルの集合で与えられ，目的は，次の経
験を予測すること．予測の表現に確率を使い，内部では確率分布が変化するよう
に定式化することが多い．経験は逐次的に与えられる場合もある．

　②教師あり学習：経験はある数値ベクトルのペアの集合で与えられ，目的は，
ペアの一方が与えられた時に，もう1つの経験を予測すること．ペアの一方を入
力，もう一方を出力と捉え，その間の関数や2つのベクトルの同時確率分布によ
って定式化することが多い．経験は逐次的に与えられる場合もある．

　③強化学習：経験は，状態と行動をあるベクトルで与えられ，あるスカラー値
を報酬とするとき，状態→行動→報酬→次の状態→次の行動→……のように連鎖
的に与えられる．機械は，状態から行動への決定論的または確率分布を与える関
数として定式化される．目的は，将来にわたって報酬の合計（の期待値）を最大
化するような状態から行動への関数を求めることである．

　機械学習で重要な概念は，予測と制御である．教師なし学習では，予測に重点
が置かれている．一方，教師あり学習は，状態から制御を学習する．強化学習は，
予測を用いて報酬を最大化するように制御を最適化する．

　以上の3つの分類は，あくまで目的と入出力の違いによって与えられるのであ
って，さまざまな応用分野でこれらの組み合わせによって学習が成立している場
合があることに注意すべきである．まずは入門としてこういう簡単な分類を念頭
に置いて説明を聞いてほしい．次節から機械学習のアルゴリズムの例と学習心理
学の概念との対応関係，特に教師なし学習と強化学習について解説する．

7.2　教師なし学習と馴化

　馴化とは，同じ刺激を繰り返し与え，その刺激に対する驚愕反応の強さを測定
すると，同じ刺激が提示される回数に応じてその反応が減じていく現象をさす（2
章参照）．それはまた同じ刺激が来るだろうと予測することによって，無意味な

刺激が高頻度で来るならば，無駄な反応を抑えることで，動作コストを抑え，より重要な刺激に処理を振り分けるのに有利であろう，と解釈できる．この予測を数理的に表現するならば，環境から与えられる刺激がどの程度の頻度でどんな種類の刺激が，どんな強度で来るのか，という確率分布を記憶として保持して，その予測確率が高い刺激が来た時には驚かずに済むようにするということである．刺激の生成モデルを内部に作ることによって事前に準備しておく問題は，機械学習では教師なし学習の問題に相当する．環境から与えられる刺激ベクトルが，ある確率分布から生成されたものと考え，その確率分布の特徴をモデル化したものが機械内部に学習されることで「驚き」すなわち予測と現実の食い違いが（3章参照），刺激がきたときの反応として起きる，という考え方である．

　単純な例を考えよう．刺激は 1 次元の数値で表され，入力刺激が各試行で提示される．その刺激の平均値は事前にはわからないので，刺激の経験から推定しなければならない．しかし，あまりにも大きな刺激は入ってこないだろう，つまり，刺激の平均値は小さいことが多く大きすぎる刺激は現実性が低い，という事前知識があるとしよう．これを数理的に表現するには，刺激が「平均パラメータ μ にノイズ分散 σ の正規分布から得られる」と仮定して，刺激が与えられたときに，μ がどのあたりにありそうかという信念分布を，これもまた刺激 μ_0 を中心として分散 σ_0 の正規分布として，この 2 つのパラメータを推定していく問題として定式化する（図 7.1）．客観的にこの 2 つの更新を与えるのがベイズの公式である．

　刺激 x が平均 μ の周りに分散 σ のノイズが加わった正規分布から生成されるとしよう．すると刺激 x の生成分布は次のように表される．

$$p\left(x|\mu,\sigma\right) = N\left(x|\mu,\sigma\right) = \frac{1}{\sqrt{2\pi\sigma^2}}\exp\left\{-\frac{(x-\mu)^2}{2\sigma^2}\right\} \tag{1}$$

　ここでは簡単のため，σ は既知であるとして，μ の信念分布の更新式を求めよう．μ の事前分布は，μ_0 を中心とした分散 σ_0 の正規分布

$$p\left(\mu\right) = N\left(\mu|\mu_0,\sigma_0\right) = \frac{1}{\sqrt{2\pi\sigma_0{}^2}}\exp\left\{-\frac{(x-\mu_0)^2}{2\sigma_0{}^2}\right\} \tag{2}$$

で与えられる．ベイズの公式は，この事前分布と，データが与えられる確率を尤度として

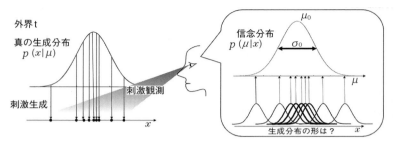

図7.1 生成分布と信念分布の概念図

信念分布はデータが生成される分布のパラメーターの分布（つまり分布の分布）を表すと考えれば，ベイズの公式からデータから生成分布の確からしさを更新していくことができる.

$$p(\mu|x) \propto p(x|\mu) p(\mu) \tag{3}$$

として与えられる（$\propto$は比例を意味する）. $p(x|\mu)$と$p(\mu)$は共に正規分布であるから，指数関数の肩を平方完成すると，再び正規分布になる.

演習 7.1

　この平方完成をやってみよう. σは既知であると仮定したので，まず式 (3) の $p(x|\mu)$ に式 (1) を，$p(\mu)$ に式 (2) をそれぞれ代入し，整理してみよう. $A\exp\{a\} B\exp\{b\} = AB\exp\{a+b\}$ となることに注意して，指数の前に出る部分と指数関数の肩の部分に分けて考えると簡単である. 指数の前に出る部分に関しては，確率の制約から積分して1になるような調整パラメータであるから，ここは無視して，まずは指数関数の肩の部分だけ計算し，平方完成してみよう.

その平均パラメータμ_1と分散パラメータσ_1に整理することができて

$$p(\mu|x) = N(\mu|\mu_1, \sigma_1) \tag{4}$$

であるから，その更新は

$$\mu_1 = \frac{\sigma^2}{\sigma_0{}^2 + \sigma^2}\mu_0 + \frac{\sigma_0{}^2}{\sigma_0{}^2 + \sigma^2}x = \mu_0 + \frac{\sigma_0{}^2}{\sigma_0{}^2 + \sigma^2}(x - \mu_0) \tag{5}$$

$$\frac{1}{\sigma_1{}^2} = \frac{1}{\sigma_0{}^2} + \frac{1}{\sigma^2} \tag{6}$$

で与えられる.

演習 7.2

演習 7.1 の結果を式（4）と比較して，式（5）と式（6）を導こう．指数の肩の中身を整理して x に関しての平方完成ができていればよい．つまり $\{-(x-\mu_1)^2/2\sigma_1^2+Z\}$ という形に整理できていればよい．Z の部分は，定数項となるので，指数関数の前に出してしまえる．その形にした時に μ_1，σ_1 に当てはまる式が見えれば正解である．

この式は，分散 σ_i を精度 $\lambda_i = 1/\sigma_i^2$, $i=\{0, 1\}$ で置き換え，更新ステップサイズパラメータ $\alpha_0 = \sigma_0^2/(\sigma_0^2 + \sigma^2)$ とすると，

$$\mu_1 = \mu_0 + \alpha_0(x - \mu_0) \tag{7}$$

$$\lambda_1 = \lambda_0 + \frac{1}{\sigma^2} \tag{8}$$

と変形できる．これは，刺激 x が与えられた場合に事前分布から事後分布への更新則となる．これを逐次的に刺激が与えられる状況に一般化して考えよう．次の試行では，この更新された事後分布は，次の刺激を得る前の事前分布として使うことができて，逐次的に信念分布が次の式で更新されていく．

$$\mu_{i+1} \leftarrow \mu_i + \alpha_i(x - \mu_i), \quad \text{ここで} \quad \alpha_i = \frac{1}{1+\sigma_2\lambda_i} \tag{9}$$

$$\lambda_{i+1} \leftarrow \lambda_i + \frac{1}{\sigma^2} \tag{10}$$

つまり，刺激 x が与えられると，それまで信じていた信号の平均 μ_i と実際の刺激との誤差 $(x-\mu_i)$ にステップサイズパラメータ α_i をかけて修正した値を次の信念分布の平均パラメータ μ_{i+1} として更新する．ステップサイズは，データが与えられるたびに変化し，分母にノイズ分散が蓄積するため次第に減少する．また，その信念分布の広がりの精度 λ は，ノイズ分散の精度 $1/\sigma^2$ ずつ増加して，次第に増加し精度が上がっていく（図 7.2）．

ここまでの例では，刺激に加わるノイズの大きさ σ は既知である単純な場合であった．実際には，刺激に入るノイズの分散を推定しなければならない．この場合は，平均 μ とノイズ精度 λ の同時分布を事前分布として更新していく．この場合，事前分布は平均パラメータと精度パラメータの同時分布として正規-ガン

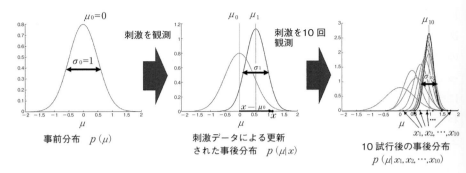

図 7.2 信念分布の更新の様子

事前分布を $\mu_0=0$, $\sigma_0=1$ の正規分布, 真の生成分布を $\mu=1$, $\sigma=1$ とした場合の変化を10試行まで試した場合の事後分布 $p(\mu|x_1, x_2, \cdots, x_{10})$.

マ分布で表され

$$p(\mu, \lambda) = N(\mu|\mu_0, (\beta\lambda)) Gam(\lambda|a, b)$$

$$= \sqrt{\frac{\beta\lambda}{2\pi}} \exp\left\{-\frac{\beta\lambda(x-\mu_0)^2}{2}\right\} \frac{1}{\Gamma(a)} b^a \lambda^{a-1} \exp(-b\lambda) \tag{11}$$

となる. ここで, この事前分布を決めるパラメータは μ_0, a, b であり, $\beta=2\alpha-1$ として, $\Gamma(a)$ はガンマ関数である. このパラメータを, 刺激 x を観測したときの尤度を用いて事後分布を計算すると, 再び正規-ガンマ分布となり, そのパラメータ更新則は次のようになる.

$$a_{i+1} \leftarrow a_i + \frac{1}{2} \tag{12}$$

$$b_{i+1} \leftarrow b_i + \frac{2a_i - 1}{4a_i}(x-\mu_i)^2 \tag{13}$$

$$\mu_{i+1} \leftarrow \mu_i + \frac{1}{2a_i}(x-\mu_i) \tag{14}$$

式 (14) は刺激の算術平均を誤差を計算して逐次的に平均値パラメータを更新することで求めている. また, 式 (13) によって逐次的に求められる二乗誤差の和 b と, 式 (12) によって逐次的に加算されていくサンプル数 a の比 a/b が, 精

度の分布であるガンマ分布の期待値であることから，この2つのパラメータが逐次的に精度すなわち分散パラメータを求めていることに相当する．この時，更新の幅を決める係数$1/2a_i$は，式（12）によって刺激の数が増えるごとに小さくなっていく．これは過去の刺激と最近の刺激を同等に扱って平均を求めていることに相当する．この係数を固定にすることで，過去を忘却することができる．すなわち，すべての刺激を同等に扱うのではなく，直近の刺激の重みを大きくとり，過去に遡るに従ってベキ関数的にその重みを減じていくことに相当するからである．

演習 7.3

式（11）の正規–ガンマ分布を事前分布として，データの生成分布が正規分布から与えられた時に，事後分布を求めよ．

演習 7.4

演習 7.3 の結果を一般化して式（12）〜（14）が導出されることを示せ．

演習 7.5

図 7.2 を Python，R，Matlab（Octave）などのプログラミング，または Excel などの表計算で実行してみよう（デジタル付録〈e〉7.1）．

演習 7.6

図 7.3 を式（12）〜（14）の係数を固定化した式を用いて再現してみよう．これもプログラミング言語は問わない．表計算でもよい（〈e〉7.2）．

このような単純なモデルでも，一度ある刺激で馴化させた後に刺激強度を上げれば，驚きは大きくなることは説明できる（図 7.3 の矢印Ⓐ）．また，馴化の性質として，一定の時間刺激を与えなければその時間の長さに従って，再び刺激を与えた時の驚愕反応も大きくなる．これは，刺激がない期間には，一定期間刺激の値が 0 であることを仮定することで，過去の忘却が起きることで説明できる（図 7.3 のⒷよりもⒸの方が大きい）．一度起きた馴化は，長時間の経過後に消えるが，2 回目に同じような刺激を繰り返し提示すると馴化が促進される再学習効果は事前分布が 1 度目の刺激によりその分散が広がることによって説明される．

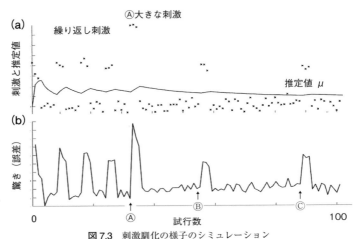

図 7.3　刺激馴化の様子のシミュレーション

3 試行の刺激ののち 5 試行の休止を 4 回繰り返し最後の 5 回目に刺激を倍増させる．その後 20 試行の休止と 30 試行の休止を挟んで 3 試行刺激を与えている（a）．刺激とモデルの予測値（(a) の線）との間の誤差を驚愕反応に対応した値（b）．4 回の繰り返しで次第に驚愕反応は小さくなるが，5 回目の大きな刺激で驚愕反応は大きくなる．休止が長くなると驚愕反応が大きくなる．

　このような単純な 1 次元のしかも正規分布を仮定するモデルでは，多様な刺激入力を表現できない．すなわち多次元のモデルに拡張する必要が生じる．馴化の刺激特異性の問題は，多次元の入力それぞれにガウス分布を仮定する多次元ガウス分布を使えば，特定の次元に生じる馴化が他の次元の馴化と独立であるように扱うことができる．

　以上見てきたように，教師なし学習の問題は，サンプル入力からそのサンプルが生成される分布を仮定して，その確率分布のパラメータを推定する問題として定式化できる．その分布が正規分布やガンマ分布のような性質の良い分布（すなわち事前分布と尤度の積が同じ分布の形になる，これを共役事前分布と呼ぶ）になっている場合は，上記のような分布を規定するパラメータを試行ごとに逐次的に更新する学習則を導出できる．これをパラメトリックモデルという．しかし世の中そんなに理想的な分布から刺激が出てきているわけもないだろう．より複雑なモデルを考える方法が必要になる．より多数の機序から観測できないさまざまな変数を関連づけて学習した方がよい場合や，複雑な生成分布をヒストグラムのような，似ている入力を同じとみなして過去のデータベースから引き出すような

予測だって考えられる．最も似通った入力の頻度や似ている近くの記憶を活性化するような方法は，k 最近傍法やカーネル密度推定などがある．これらの方法はパラメトリックな学習法に対して，ノンパラメトリックな学習方法と呼ばれている．本書では，これらの方法についての詳細には触れる紙面がないので，詳細は他書に譲ることにする．

7.3 強化学習と古典的条件づけ

　教師なし学習では，サンプルデータが与えられ続け，そのデータが生成される確率分布の性質を学習し，次のデータを予測する．次に考えるのは，生体にとって重要な刺激を予測するために，その他の重要でない中立的な刺激から重要な刺激を予測する場合を考えよう．予測と実際の間を埋める誤差の概念は，教師なし学習でのベイズの公式と正規分布を仮定した生成モデルから自然に導出された．これと同様に，中立的な刺激から重要な刺激が来ることを連合強度として，誤差に基づいて更新・学習するのがレスコーラ・ワグナー（Rescorla–Wagner）モデル（以下 RW モデル）であった（3 章参照）．

　古典的条件づけは，強化学習の問題，その解法アルゴリズムの一部としてモデル化することができる．強化学習の枠組みでは，環境の状態，主体の行動，環境から与えられる報酬の 3 つの関係性を学習し，各状態における最適な行動を見つけることが学習の目的である．状態は行動によって遷移し，次の状態に移動するため，それぞれの状態で環境から得られる報酬だけを考えるだけでは最適化できず，遷移した先で与えられる報酬も考慮しなければならない．

　まず，簡単のために，状態が行動には依存せずに遷移する環境において，報酬を予測する問題を考えよう．図 7.4 に示すのは，状態を円で表し，その遷移を矢印で表した状態遷移の模式図である．状態遷移は，一定の時間ステップで遷移が起きる離散的時刻を考える．N 状態は 99 ％の確率で N 状態に遷移し，1 ％の確率で D 状態に遷移する．D 状態に移る時に中立的な刺激（条件刺激，conditioned stimulus, CS）を観測する．つまり，平均 100 時刻に 1 回ぐらいの確率で CS を受け取り，それに伴って D 状態に遷移したことを主体は知る．D 状態は，確率 1 で R 状態に遷移し，R 状態は確率 1 で N 状態に戻る．各状態遷移に報酬が与えられるが，R 状態から N 状態への遷移の時に無条件刺激（unconditioned stimulus,

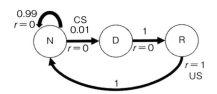

図7.4　古典的条件づけ手続きの状態遷移図
CS は平均 100 時刻に 1 回の割合で与えられ，その 2 時刻後に US
が与えられる．US の報酬価値を 1 として，残りは 0 とする．

US）が与えられる．この時のみ報酬は $r = 1$ でありそれ以外の状態遷移では報
酬は $r = 1$ であると仮定する．ここで，各状態において将来どのくらいの報酬が
合計で得られるのか予測しよう．状態遷移は確率的に起きるために，その期待値
を現在の状態 s_t の関数として記述すると，

$$V(s_t) = E\left[r_t + \gamma r_{t+1} + \gamma^2 r_{t+2} + \ldots \mid s_t\right] \tag{15}$$

と書ける．ここで γ は割引率であり，$0 < \gamma \leqq 1$ の定数である．つまり遠い将来
は小さな重み，近い将来には大きな重みをつけて加算した値を予測値としよう．
この値は，状態価値関数 $V(s)$ と呼ばれる．さて，どうやってこの学習を行った
らよいだろうか．この式の時刻を 1 つ進めてみよう．

$$V(s_{t+1}) = E\left[r_{t+1} + \gamma r_{t+2} + \gamma^2 r_{t+3} + \ldots \mid s_{t+1}\right] \tag{16}$$

すなわち，遷移する前の価値関数（15）と遷移した後の価値関数（16）との間
の関係性として，次の関係性が成り立つ．

$$V(s_t) = E\left[r_t \mid s_t\right] + \sum_{s_{t+1} \in S} \gamma V(s_{t+1}) P(s_{t+1} \mid s_t) \tag{17}$$

ここで S はとりうる遷移後の状態の集合，$P(s_{t+1} \mid s_t)$ は状態遷移確率である．
ここでは，状態遷移確率は，延々と過去の状態に依存して遷移が決まるのではな
く，現在の状態にのみ依存して次の状態への遷移確率が決まるような環境を考え
る．すなわち，

$$P(s_{t+1} \mid s_t, s_{t-1}, s_{t-2}, \ldots) = P(s_{t+1} \mid s_t) \tag{18}$$

が成立する状況のみを考えよう．これをマルコフ性と呼ぶ．

式（17）の第1項はどの状態に行けばどの報酬が得られるのかを表す報酬関数であり，第2項は状態遷移した先からの報酬予測になる．報酬関数と状態遷移が既知であれば，この漸化式（17）を解けば，状態価値関数を求めることができる．解き方にはいくつかあるが，$V(s)$ を仮の推定値として，式（17）の右辺から左辺へ代入して新しい推定値として更新し，さらにまたそれを右辺に入れて左辺を求め，という繰り返し計算を推定値が収束するまで行う方法がある．これを価値反復法と呼ぶ．

演習 7.7

図 7.4 の状態遷移から，状態価値関数を求めよ．手計算で求めてもよいし，プログラミングが得意な人はプログラミングで求めてもよい（〈e〉7.3）．

実際には，刺激が与えられるタイミングや順序を規定する状態遷移は主体にとって既知ではないので，状態遷移を含めて学習しなければならない対象である．この状態遷移と報酬関数を教師あり学習問題として学習させてしまって，その結果を使って間接的に価値関数を求める方法をモデルベース強化学習と呼ぶ．何がモデルベースなのかというと，環境の動き方に関する知識と，どこでどうすれば報酬が得られるのかという知識に関して世界モデルを学習し，そのモデルでシミュレーションを行うことで推論して価値関数を求めるという意味である．

一方で，この2つの関数を学習せずに確率近似法を使って直接価値関数を求める方法もある．それがモデルフリー強化学習と呼ばれる方法である．モデルフリー強化学習手法で最も簡単なものは temporal difference（TD）学習法である．TD 学習法は，確率や報酬の期待値の関数を学習・参照せず，経験によって直接的に価値関数を学習させる方法である．具体的には，主体が経験する状態遷移が起きるたびに，次の TD 誤差 δ を求め

$$\delta = r_t + \gamma V(s_{t+1}) - V(s_t) \tag{19}$$

ある小さなステップサイズパラメータ α によって，価値 - 関数を修正する．

$$V(s) = V(s) + \alpha\delta \tag{20}$$

この誤差は，初期値に指定した価値関数が真の報酬予測に遠い場合には大きい

が，多数の試行が経過すれば，経験確率によって近似的に状態遷移確率を含んだ学習が成立し，漸化式（17）の解を求めていることになる．

　さて，価値関数が経験を通じて学習することは，生体にとってどのような意味を持つだろうか．図 7.5 の状態遷移では N 状態から D 状態に遷移すると価値が急激に上昇する．この状態価値が高いことは，報酬がすぐに得られることを予測していることに相当するため，その報酬を得る可能性が高い，または目前に迫っていることを意味している．D 状態の価値に応じて反応を出すシステム（食べ物を消化するために唾液や胃液が出る等）が生体に備わっているならば，価値に応じて反応を出すモデルで条件反応が形成される様子は説明可能である．

　TD 学習法は RW モデルの時間方向への拡張ともみなせる．TD 誤差の式（19）の第 2 項である状態遷移後の価値関数の項を除けば，RW 則の式と一致する．RW 則では試行毎の刺激間関係をモデル化するが，TD 学習法では状態という概念を導入し，その状態遷移によって時間的関係性をモデル化する．これによって，さまざまな古典的条件づけの時間的な関係性についての現象も説明することができる．たとえば，長い延滞条件づけや痕跡条件づけにおいて，CS-US 間隔が広がると，条件づけのレベルが低下する．この現象は，CS によって N 状態から D 状態に遷移した後すぐに R 状態には遷移せず，D1，D2，D3，…と長い遅延状態を遷移した後に R 状態に遷移するように状態遷移をモデル化することで説明可能である（図 7.5a）．この時の複数の D 状態の長さが遅延時間に相当する．割引率によって報酬が得られる R 状態までの遷移が遠くなることで価値関数も同様に割り引かれ，N 状態から最初の D 状態への遷移での価値関数の大きさは小さくなる（図 7.5b）．

　TD 学習モデルは，高次条件づけの説明も可能である．一度 CS と US の対提示が行われた CS に対して新たな刺激として CS1 を CS に先行して提示する，という状況を考えよう．図 7.6a の D 状態の前にさらに D1 を用意し，CS1 の提示で N 状態から新たな D1 状態に遷移し，その後 CS で D 状態に遷移するように状態遷移を変更すればよい（図 7.6b）．ただし，この時には US は与えられないので，どの状態遷移においても $r = 0$ となる．この時の価値関数の変化を見ると，CS1 は一度 CS への状態遷移による TD 誤差が正となるため，CS1 の価値は上昇する．すなわち正の価値による報酬予測が行われ CS1 でも条件づけが行われることを意味する．その後 CS に対する価値は消去されることで，CS1 の価値も減じてい

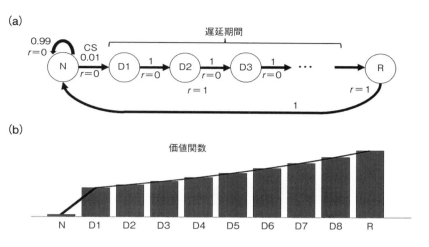

図 7.5 CS–US 間隔が長い場合

a：状態遷移のダイアグラム．遅延期間が長くなればなるほど，CS からの時刻が長くなるためその時刻ごとの状態を用意する．

b：8 状態の場合の価値関数．N から D1 での状態遷移が急激に上がる．

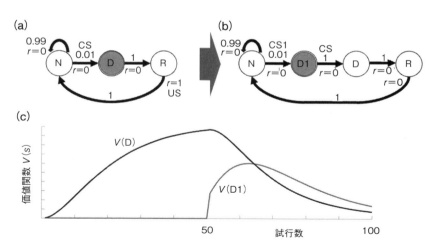

図 7.6 二次条件づけの TD 学習モデル

a：CS と US の条件づけを行う状態遷移で価値関数を学習させる．

b：次に新たな条件刺激 CS1 に対して CS を対提示し，US を与えない状況の状態遷移モデルに変更する．

c：(a) を 50 試行，(b) を 50 試行行った場合の CS と CS1 の直後の価値関数 V(D)，V(D1) の学習曲線．$\gamma = 0.9$，$\alpha = 0.1$ とした．

く（図 7.6c）.

　TD 学習モデルは心理学的な説明だけでなく神経科学的説明への仮説として注目されている．中脳の黒質緻密部や，腹側被蓋部に存在するドーパミン作動性の神経細胞の活動を古典的条件づけの前後で記録すると，その活動が一致することが Schultz らによって報告されている[1]（図 7.7）．Schultz らは主にアカゲザルの神経を研究したが，その後，ラット[2]，マウス（総説として文献3），ヒトの脳血流を測定する機能 MRI 画像研究[4] などでも同様の相関が報告され，ソングバード（鳴禽類）の歌学習において TD 学習に類似した学習アルゴリズムが脳に存在するのではないかという仮説が提唱されている[5]．ドーパミン細胞の主なターゲットは大脳基底核や前頭葉の内側前頭前野や眼窩前頭皮質などであり，その領域では価値関数に相当する活動も見出されている．特に，大脳皮質から大脳基底核への入力部である線条体において，大脳皮質と線条体の間の同時発火ではシナプス強度が減弱する long term depression（LTD）が起きるが，そのシナプス周辺のドーパミン濃度を上昇させるように同時にドーパミン投射を刺激するとシ

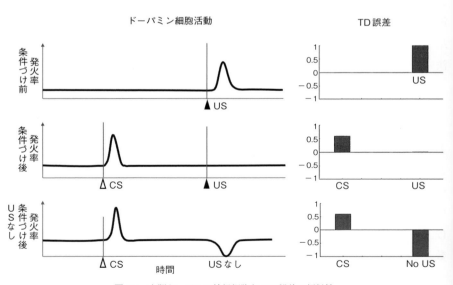

図 7.7　中脳ドーパミン神経細胞と TD 誤差の類似性
条件づけ前（上）と条件づけ後（中）のドーパミン細胞発火率の模式図（左）と遅延が3状態を挟んだ古典的条件づけの状態遷移における TD 誤差のシミュレーション結果（右）．条件づけ後に反応が CS に移り，US では反応が無くなる（左下）が，US を与えない試行を混ぜるとドーパミン細胞活動が減少する．同様に TD 誤差も負になる（右下）．

ナプス強度が増強する long term potentiation（LTP）が起きることが報告され
ている．これによって，刺激入力からの価値を学習する学習則を成立させること
ができる．

7.4 強化学習とオペラント条件づけ

　ここまでで，教師なし学習，強化学習の予測的側面である状態価値関数とその
学習アルゴリズムについて説明した．ここからは，強化学習の制御的側面，特に
行動の選択について見ていこう．教師なし学習の目的は環境からの刺激を確率分
布の形で予測することであったが，強化学習の本来の目的は予測に基づいてより
報酬をたくさん得る行動を選択する問題であった．これを数理的に定義すると，
将来の報酬を最大化させる状態 s から行動 a への写像 $a = \pi(s)$，または状態を
条件とした条件付き確率 $\pi(a|s)$ で行動選択確率を記述する．これを方策または方
策関数と呼ぶ．前節までは，行動に関係なく状態が遷移することを仮定していたが，
ここからは状態遷移は行動にも依存して次の状態が決まるため $P(s_{t+1}|s_t, a_t)$ を状
態遷移と考える．また，状態と行動に依存して与えられる報酬の期待値が決まる
$R(s,a) = E[r|s,a]$ を報酬関数とする．この2つの条件が成り立つ環境をマルコフ
決定過程と呼ぶ．マルコフ決定過程において，式（17）は

$$V^{\pi}(s_t) = \sum_{a \in A} \pi(a|s_t) \left\{ R(s_t, a) + \sum_{s' \in S} \gamma V^{\pi}(s') P(s'|s_t, a) \right\} \tag{21}$$

となる．これは，ベルマン方程式と呼ばれ，方策 $\pi(a|s_t)$ と状態遷移 $P(s'|s_t, a)$
と報酬関数 $R(s_t, a)$ が決まれば，各状態に状態価値関数 V^{π} はこの方程式を満た
すように求めることができる．ただし，状態遷移した先の価値関数も求めなけれ
ばならないため，前節のような価値反復法を用いて求めなければならない．これ
は，任意の状態価値関数から始め，式（21）の右辺を計算して新たな状態価値関
数として更新することを収束するまで繰り返す操作になる．
　さて，問題は，どのような方策がすべての状態における状態価値関数 V^{π} を最
大にできるか，すなわちどの状態からも最大の報酬を獲得できるか，である．さ
まざまな方策のなかで最も良い行動は，最大の報酬予測を与える方策ということ
になる．すなわち

$$V^*(s_t) = \max_a \left\{ R(s_t, a) + \sum_{s' \in S} \gamma V^*(s') P(s'|s_t, a) \right\} \tag{22}$$

とすればよい．これは最適ベルマン方程式と呼ばれる．これを方策の側から見れば，次の状態遷移による割引価値の期待値とその場での報酬の和を最大にする方策が最適方策ということになる．

$$\pi^*(s_t) = arg \max_a \left\{ R(s_t, a) + \sum_{s' \in S} \gamma V^*(s') P(s'|s_t, a) \right\} \tag{23}$$

　簡単な話に見えるが，問題は最大にしなければならない関数の中に最適化する関数が入ってしまう入れ子構造が続くことである．これを解く方法として，方策反復法がある．価値反復法と同じように，任意の方策から始めて，その方策の価値関数を式（21）の価値反復で求め，その価値関数を基準にして式（23）によって方策を改善し，改善された方策の価値関数を再び価値反復で求め，という繰り返し操作を式（22）が成り立つようになるまで繰り返せば，最適な方策を決めることができる．この一連の操作によって状態空間全域の価値関数と方策を最適化する方法を動的計画法（dynamic programming）と呼ぶ．

　状態価値関数は，ある状態から先の報酬予測を表すが，ある状態である行動をとった場合の後の報酬予測も同様に求めることができる．これを行動価値関数と呼ぶ．行動価値関数のベルマン方程式は，

$$Q^\pi(s_t, a) = \sum_{s' \in S} P(s'|s_t, a) \left\{ R(s_t, a) + \gamma \sum_{a \in A} \pi(a|s') Q^\pi(s', a) \right\} \tag{24}$$

となり，最適ベルマン方程式は

$$Q^*(s_t, a) = \sum_{s' \in S} P(s'|s_t, a) \left\{ R(s_t, a) + \max_{a'} \gamma Q^*(s', a') \right\} \tag{25}$$

という形になる．この行動価値関数を用いた方法でも，同様に価値反復法を行うことができる．最適方策は，行動の評価をそのまま得られるのだから，単純に $\pi(s) = arg \max_a Q^*(s_t, a)$ とすることで得られる．

　さて，ここで，前節と同じように TD 学習則を導こう．行動価値関数の最適ベ

ルマン方程式の右辺を左辺に移項した式が 0 になるように行動価値関数 $Q(s,a)$ を修正していくように学習則を構成すると，TD 誤差を

$$\delta = r(s,a) + \gamma \max_{a'} Q(s',a') - Q(s,a) \tag{26}$$

として，小さなステップサイズパラメータ α として

$$Q(s,a) \leftarrow Q(s,a) + \alpha\delta \tag{27}$$

の更新を行っていけばよいことになる．この学習則を Q 学習と呼ぶ．お気づきのように Q 学習は特定の方策が学習則の中に含まれない価値関数の更新手法である．これは方策オフ型学習（off-policy learning）と呼ばれており，直接最適価値を TD によって求めていく方法である．注意しなければならないのは，状態遷移確率をサンプルによって近似しているため，とる方策によってはこの精度が悪くなる場合があることである．これは後で説明する探索と搾取のジレンマ問題とも関係する．

　一方で，式 (24) に従ってある方策の評価を行動価値関数で行いつつ，方策を次第に最適なものに近づけていく学習則もある．この方法は方策オン型学習（on-policy learning）と呼ばれており，一種の方策反復法になっている．代表的な学習手法は SARSA（state-action-reward-state-action）学習であり TD 誤差を

$$\delta = r(s,a) + \gamma Q(s',a') - Q(s,a) \tag{28}$$

によって更新し，方策はたとえばボルツマン分布を用いた行動選択確率

$$\pi(s|a) = \frac{\exp(-\beta Q(s,a))}{\sum_{a' \varepsilon A} \exp(-\beta Q(s,a'))} \tag{29}$$

や，ε − 貪欲方策

$$\pi(a|s) = \begin{cases} 1-\varepsilon & for \ \ arg\max_{a \varepsilon A}\{Q(s,a)\} \\ \varepsilon/n-1 & for \ \ \ \ otherwise \end{cases} \tag{30}$$

などが用いられる．ここで，$\beta > 0$ や $0 < \varepsilon < 1$ は，方策に確率的な探索の成分を入れる度合いを調整するパラメータであり，方策反復が進むにつれて状態空間に対する探索を減らすことで最適方策に近づけることで安定に学習を進めることができる．ボルツマン分布による選択の場合は β が小さな値から初めて

次第に大きく，ε－貪欲方策の場合は大きな値（たとえば$n/(n-1)$など）から始めて小さくしていくことで実現できる．

　行動価値のTD学習法は，三項随伴性（4章参照）の時間的な拡張になっている．これは状態価値のTD学習法がRW則の時間的な拡張となっていたことと相似であり，式 (26) (28) の第2項を除けば，ある状態に対してある行動を行った際に，得られる報酬とその時の行動価値との差分によって，行動価値が増加する．この行動価値の増加は，方策に影響し，より大きな行動価値は同じ状態における行動選択確率を上昇させる．これはある刺激によって知らされる状態と，その時の行動と，その結果（報酬）によって，行動が強化される三項随伴性の原理と類似している．ただし異なるのは，たとえば結果として直接報酬が得られなかったとしても，第2項にあるような，次の状態における行動価値のうち最大値（またはその次にとる行動の行動価値）を割り引いたものでも行動が強化させられる，ということである．これは一次報酬的な結果のみでなく，一次報酬を得ることができるような二次的な報酬（トークンやお金など）でも強化力を持つ，ということに相当する．

　強化学習の文脈では，オペラント行動，すなわち自発的な行動生成は学習初期の方策の設定に依存する．式 (28) や (29) のように，初期にはランダムな行動選択をする方策から始め，次第に結果に従って強化された行動を選択するように学習を進める．このことからも，Q学習やSARSA学習はオペラント条件づけや道具的条件づけのモデルとして捉えることもできる．

　このことを端的に表す例を考えよう．行動選択のみに着目してもらうため，状況を単純化し，状態が1つ，行動が2つだけの問題を考える（図7.8a）．各行動を行うと，報酬が一定量与えられるが，それは確率的に与えられるものとする．報酬の量を1とすると，その期待値は報酬の確率に一致する．報酬の確率は事前には行動主体には知らされておらず，行動選択と報酬の経験に基づいて推定しなければならない．2台のスロットマシーンのどちらに賭けるか，スロットマシーンの当たり確率はあらかじめ決められているがわからないので，試行錯誤でよりたくさん当たりを引いてください，という問題である．この問題は2-arm bandit task として知られている．行動価値を用いたアルゴリズムで学習してみよう．Q学習でもSARSA学習でもどちらでも違いはない．なぜなら，常に同じ状態に戻るので状態遷移後の価値は考慮する必要がなくなるからである（定数倍になる）．

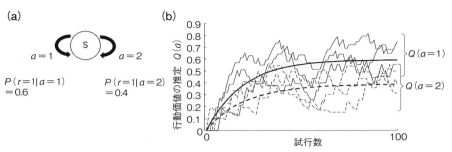

図 7.8 2-arm bandit task の構造と学習曲線

a：状態遷移図．ここでは，状態は 1 つであり，行動毎に報酬の確率が異なる．
b：行動価値 $Q(a)$ の変化例．細線は 1 回の学習試行での $Q(a)$ の変化，太線は多数試行の平均を表す．実線は $a = 1$，波線は $a = 2$ の行動価値．探索と報酬が確率的であるので，一連の試行で得られる総報酬は平均（太線）の周りである程度揺らぐことがわかる．

この場合，式（26）（28）の第 2 項を省いて式（27）で更新することで行動価値を求め，式（29）のボルツマン分布を用いて行動選択確率を求めて行動選択を行う．図 7.8b はその学習の進行に伴う行動価値の変化の例を表している．行動価値の初期値は 0 と想定し，真の報酬確率をそれぞれ 0.6，0.4 とした場合である．もちろん最適な行動はより高い報酬確率を持つ行動を確率 1 で選択し続けることで，より多くの報酬が得られる．しかし，学習の初期報酬確率の推定ができていないため，ランダムに選択することで探索を行う必要がある．2 つの行動の結果の差がはっきりとしてきたら，より大きな報酬期待がある行動を選択するようにすればよい．

　行動選択の探索の比重はボルツマン行動選択確率では逆温度パラメータ β によって決定される．β がより大きくなれば推定された報酬確率の差に敏感になり，小さければよりランダムに近い行動選択を行う．異なる β を用いて学習した場合の学習方策の変化を見てみよう．β が高い場合には，トータルでの報酬量がより大きくなる場合もあるが，学習の初期に確率の低い選択肢を選び固執し続けてしまうこともある．一方で β が低い場合，すべての場合でより高い報酬を選ぶが平均的には低い収益しか得られない．これを探索と搾取のジレンマと呼ぶ．探索が不十分だと高い報酬の行動を見分けられない場合があり，探索をしすぎるとより高い報酬を確実に見分けられるが，それを見分けるまでの探索試行で報酬が得られるはずの行動をとらずに機会損失が生じる．図 7.9 は 100 試行の 2-arm bandit において，さまざまな β での学習全体の報酬確率の平均とその分散を表している．

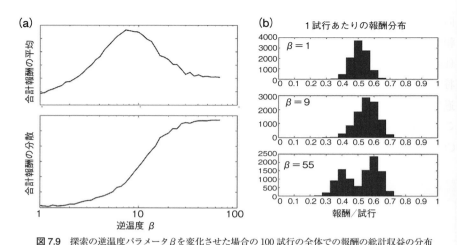

図7.9 探索の逆温度パラメータβを変化させた場合の100試行の全体での報酬の総計収益の分布
a：収益分布の平均と分散の変化.
b：小さい場合（上）と最適値（中）と大きい場合（下）の収益分布. 小さい場合は単峰になるが, 大きすぎると報酬確率の小さい選択肢を選び続ける場合が出るので双峰分布となる.

より高いβでは分散が大きい, つまり不適切な行動をとり続けて損をする場合が頻発するために平均報酬は低下する. この場合（Qの初期値0, $\alpha = 0.1$）は, $\beta = 9$あたりが最も良い探索比重になる.

さて, この2-arm bandit は, 離散試行での強化スケジュールと見ることもできる. 各時刻に1回の反応ができるとして, どちらかを選択する問題になり（5章参照）, 各行動の強化は各試行の確率で与えられるため, これは並立 VR VRスケジュールと同等になる. この設定では, 強化子である報酬は一定の確率で反応キーに対応して充填されるが, 毎試行取り除かれる. したがってより高い報酬確率のキーに対して反応し続けることが最適行動となる. 並立 VI VI スケジュールの場合はどうだろうか. これはある一定の確率で強化子が充填されれば, 次の試行でも充填されたままの状況を想定すればよい. したがって, 選択されなかったキーの方の報酬確率は, 選択しないことによって上がっていく. すなわち, 非選択回数を状態にとって, その状態における行動価値を推定する問題に相当する. このような状態の取り方をすれば, 5章の選択行動で取り上げたマッチング則が成立する. 並立 VR VR スケジュールはどちらか一方のみを最適行動として取り続けるがこれはマッチング則を自明に成立させる. 一方並立 VI VI スケジュールでは, 非選択回数を状態とした場合（図7.10a）に, 2-arm bandit の時と

同様に状態遷移を考えず式（26）（28）の第2項を無視し，それぞれの状態での報酬確率だけを考えた場合にはさまざまな報酬確率でマッチング則を成立させる（図7.10b）．しかし，2-arm bandit と異なって状態遷移が存在するのであるから将来の報酬を最大化する行動をとった場合には，最適行動ではマッチングよりも過剰にスイッチすることになるためアンダーマッチングとなる（図7.10b 右）．この過剰なスイッチ行動を抑制するために選択変更後遅延（change over delay, COD）を入れるなどの対策が行われるとマッチング則を満たすことになる．

演習 7.8

　COD を行った場合の状態遷移図は図7.10a をどのように変更すればよいだろうか．また，その場合にマッチング則は本当に成り立つかどうか検討してみよう．

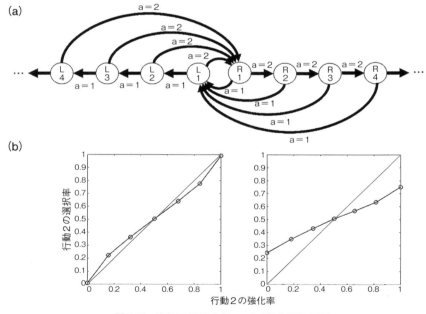

図 7.10　並立 VI VI スケジュールの強化学習モデル

a：並立 VI VI スケジュールの状態遷移モデル．行動1をとったら左方向，行動2をとったら右方向に移動する．行動を変更したら L1 または R1 状態に遷移する．

b：$r=0.0$（左）と $r=0.9$（右）の場合の強化率-選択率プロット．文献7に倣って，VI (3) VI (3)，VI (2.25) VI (4.5)，VI (1.8) VI (9)，VI (1.5) VI (∞) の場合のシミュレーション結果．

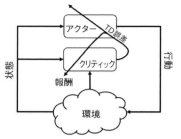

図 7.11　アクタークリティック法の模式図

環境から得られる状態価値関数を学習するクリティックと，方策を学習するアクターの両方の入力とし，アクターは行動を，クリティックは状態価値関数を出力する．状態価値関数の時間差と環境から与えられる報酬から TD 誤差を求め、それぞれの学習信号とする．

　これらの強化スケジュールでは報酬最大化する最適化の原理からスタートし演繹されたアルゴリズムが，行動選択，すなわち反応率の現象を説明可能ということになる．しかし，これでは生体のモデルとして報酬最大化という最適化を目指しているのか，それともマッチング則を満たすように行動を調整しているのかは区別することができない．これに対して，特殊な強化スケジュールの場合には，報酬最大化とマッチング則が一致しない事態を作り出すこともできる．その 1 つが並立 VI VR スケジュールである[6]．この場合，ハトの行動はマッチング則にのっとっており，報酬最大化ではないことが示されている．機械学習のような最適化では，動物の行動は説明できないのだろうか？　酒井らは，これに対して，報酬最適化を目指すある種のアルゴリズムが，状態の認識を誤認した時や，そのアルゴリズムの準最適解で止まってしまうことでマッチング則を生んでいるのではないか，という仮説を提唱している[8-10]．そのアルゴリズムの 1 つがアクタークリティック法である（図 7.11）．アクタークリティック法は，方策勾配法と呼ばれる強化学習アルゴリズムの一種であり，この方策勾配法に TD 学習法で用いられるような確率分布を実際の行動や報酬のサンプルから近似する方法である．アクタークリティック法では，価値関数が直接方策と関係するのではなく，価値関数を表現するクリティックと，方策を表現するアクターとを分離し，それぞれが同じ TD 誤差に従ってその内部パラメーターを学習させる方法である．1 つの TD 誤差が価値関数から最適価値関数へ近づけるとともに，方策の勾配方向に向かって方策改善をさせる方法とも言える．このアクタークリティック法では，報

酬最大化にならずマッチング則で学習が止まることが示されている[9].

7.5 最新の機械学習アルゴリズム

　本章では，機械学習，主に工学で発展してきたアルゴリズムについて解説すると共に，その基盤を支える最適化の概念，最適化から求められたアルゴリズムと本書で扱ってきたさまざまな学習心理学の現象との対比を説明した．近年注目を集めている深層学習などの詳細は他書に譲るが，機械が人工ニューラルネットの多層版となり，その関数や確率分布を構成するパラメータが膨大に増えただけで，基本的な概念に違いはない．外界から得られる刺激を確率分布や関数を用いて近似し，報酬を最大化する最適化を行うことで，囲碁や将棋，分子構造の探索，ネットゲームなどのヒトが行っている問題解決場面を模してその性能を上げているに過ぎない．

　重要なことは，機械学習は目的を持って設計されている，ということである．本章の最初に行った3つの違いは，それぞれの目的別の分類を表している．一方で生物は設計されたわけではない．しかし，進化的な立場からは，どのような選択が行われてきたのか，という説を裏付ける淘汰圧の基準を考える必要があるだろう．目的とする最適化関数はなんなのか，それを考えることはその意味で重要な示唆となる．

　本章の最初で行った3つの分類は，最新の機械学習アルゴリズムでは意味をなさないかもしれない．モデルベース強化学習のモデルの学習は教師あり学習の枠組みに入るし，実際の経験ではなく，蓄積した記憶からランダムサンプルして価値関数や方策を学習させる経験リプレイ学習法は，一種の教師なし学習のノンパラメトリック法に相当する．ゲームの学習で行われる自己対戦による経験生成とそれによる強化学習は，敵対的生成ネットワークのアイデアにつながっている．敵対的生成ネットワークは教師なし学習だが，教師あり学習の深層学習において，膨大なデータを必要とする機械学習を加速させただけでなく，それらしく見える画像生成や機械翻訳などに応用されている．これらを駆使してヒトの能力を上回る機械学習が次から次へと発表されており，すべてを網羅するにはこの章だけではたりないだろう．さらに学ぶ人にとっての参考図書を附しておく．〔鮫島和行〕

参考図書（さらに機械学習を勉強する人のために）

加藤公一（2018）．機械学習のエッセンス―実装しながら学ぶ Python，数学，アルゴリズ
　　ム　SB クリエイティブ．

ビショップ，C. M.（2007）．パターン認識と機械学習 上 ―ベイズ理論による統計的予測―
　　丸善出版．

ビショップ，C. M.（2008）．パターン認識と機械学習 下 ―ベイズ理論による統計的予測―
　　丸善出版．

須山敦志（著）・杉山　将（監修）（2017）．ベイズ推論による機械学習入門　講談社サイエン
　　ティフィク．

Sutton, R. & Barto, A. G.（著）・奥村　純・鈴木雅大・他（監訳）（2022）．強化学習（第2版）
　　森北出版．

森村哲郎（2019）．強化学習　講談社．

田中宏和(2019)．計算論的神経科学―脳の運動制御・感覚処理機構の理論的理解へ　森北出版．

文　献

1) Schultz, W., Dayan, P., et al.（1997）. A neural substrate of prediction and reward. Science,
275, 1593-1599.

2) Pan, W. X., Schmidt, R., et al.（2005）. Dopamine cells respond to predicted events during
classical conditioning: Evidence for eligibility traces in the reward-learning network.
Journal of Neuroscience, **25**, 6235-6242.

3) Starkweather, C. K. & Uchida, N.（2021）. Dopamine signals as temporal difference errors:
Recent advances. *Current Opinion in Neurobiology*, **67**, 95-105.

4) O'Doherty, J. P. Dayan, P., et al.（2003）. Temporal difference models and reward-related
learning in the human brain. *Neuron*, **38**, 329-337.

5) Fee, M. S. & Goldberg, J. H.（2011）. A hypothesis for basal ganglia-dependent
reinforcement learning in the songbird. *Neuroscience*, **198**, 152-170.

6) Herrnstein, R. J. & Heyman, G. M.（1979）. Is matching compatible with reinforcement
maximization on concurrent variable interval, variable ratio? *Journal of the Experimental
Analysis of Behavior*, **31**, 209-223.

7) Herrnstein, R. J.（1961）. Relative and absolute strength of response as a function of
frequency of reinforcement. *Journal of the Experimental Analysis of Behavior*, **4**, 267.

8) Sakai, Y., Okamoto, H., et al.（2006）. Computational algorithms and neuronal network
models underlying decision processes. *Neural Networks*, **19**, 1091-1105.

9) Sakai, Y. & Fukai, T.（2008）. The actor-critic learning is behind the matching law:
Matching versus optimal behaviors. *Neural computation*, **20**, 227-251.

10) 三浦佳二（2007）．神経経済学入門 I：自然界で脳はどのように最良の行動を選択していくのだろ
う?. 日本神経回路学会誌 = *The Brain & neural networks*, **14**, 226-237.

11) Daw, N. D., Niv, Y., et al.（2005）. Uncertainty-based competition between prefrontal and
dorsolateral striatal systems for behavioral control. *Nature Neuroscience*, **8**, 1704-1711.

索　引